生活的智慧

释证严 著

復旦大學出版社

出版说明

《生活的智慧》最初由台湾慈济文化出版社在台湾出版发行。

证严上人，台湾著名宗教家、慈善家，一九三七年出生于台湾台中的清水镇。一九六三年，依印顺导师为亲教师出家，师训“为佛教，为众生”。是全球志工人数最多的慈善组织——慈济基金会的创始人与领导人，开创慈济世界“慈善”、“医疗”、“教育”、“人文”四大志业。二〇一〇年，被台湾民众推选为“最受信赖的人”。如今遍布全球的慈济人，出现在全世界许许多多有灾难与苦痛的地方，通过亲手拔除人们的苦与痛，实践上人三愿:人心净化,社会祥和,天下无灾。

证严上人及慈济基金会的各种义举,得到国家有关部门的重视和肯定。二〇〇六年,慈济基金会获得“中华慈善奖”。二〇〇八年,海峡两岸关系协会会长陈云林访台期间,特意前去拜访证严上人,并对慈济基金会在大陆的各项慈善行为,做出了高度的评价。二〇一〇年八月,经国务院批准,慈济慈善事业基金会在江苏省苏州市挂牌成立,成为大陆第一家,也是唯一的一家由境外非营利组织成立的全国性基金会。

一九八九年,证严上人发表了第一本著作《静思语》(第一集);此后的数十年来,证严上人的著作,涵盖讲说佛陀教育的佛典系列,以及引导人生方向与实践经验的结集;这些坚定与柔美的智慧话语,解除了众多烦恼心灵的苦痛与焦躁。台湾民众有这样的说法——

无数的失望生命，因展读上人的书而回头；

无数的禁锢心灵，因展读上人的书而开放；

许多的破碎家庭，因展读上人的书而和乐；

许多的美善因缘，因展读上人的书而具足。

证严上人的著作问世后，在海内外均产生广泛且持久的影响。最近复旦大学出版社获得静思人文志业股份有限公司授权，在中国大陆推出“证严上人著作·静思法脉丛书”的简体字版。《生活的智慧》属于人文专题书系，讲述如何在单纯清净的心境下生活，“前脚走，后脚放”，让生活自然而然地轻安自在。希望能给读者以启迪。

复旦大学出版社

二〇一一年十月

目　录

少欲无为·身心自在

所谓“四大不调即是病”，“四大”指的是地、水、火、风。

身体若稍受风寒，或体温太高即不调和，这是对物质、身体的“不调”；而人的心理也有不调适的烦恼。

现在的社会，尤其令人感受到这种身心不调和的状况。因为身、心不得调和，所以造成社会不调和，这都是恶性循环的病态。

精神病是现代社会的大问题。为何有这么多的精神病患呢？这是心理不调所引发的病症，原因是想得太多了；又为什么会想太多呢？因为欲望太大。现代人的生活欲望太大，所追求的远超过个人的能力和环境，想得很多，结果都是虚幻的妄想。因为理想过高,屡求不得而心神迷乱,这便是“心欲不调”。

人的欲望永无止境,有的人追求物质、有的人追求感情,这两项皆离不开人类的生活。人如果生活在毫无感情的环境中,必然会很痛苦——不懂得付出感情,也不懂得如何接受感情,这是“无人性”的生活;但是若太过于追求,即会生“病”态。

人生在世,能恰当地满足生活所需,即是最适意的生活;一旦超越所需的极限,必定会有弊病产生。人的心境若能随遇而安,就是最健康的人生。所以,我们要依自己的环境来选择适当的生活方式。

看到社会上有那么多精神病患者,实在为他们深感怜悯!身体有病痛是个人的事,但是若患了精神病则不同。因为患者除了乱了自己的心性之外,也会乱了整个家庭的安宁,甚至为社会带来潜在的危机。

有一天,精舍来了一位很年轻的小姐。她的精神看起来不太正常，头发的前半部理得精光。几年前，她还是一位护理师哪！而现在却判若两人！

人生应谨守本分，置身任何环境都应随遇而安。修行则要节制私情欲念，淡泊度日才是最自在的生活。若是讲“情”，也要是清净无彩色的平等之情、是无分别心的觉有情，这才是修行者所应受持的净爱长情。

情感若能收放自如、心中无恐惧，即能远离烦恼与颠倒。我们若要健康地生活，必定要先把心理调整好，少欲知足才能自在逍遥。

一位学医者的迷思

修行，要在日常生活的动静之间，磨练得毫不冲突。

有些人太执著于静，这样会变得槁木死灰；反之，心若过于好动，则心念就会像雷电闪光一样。

《金刚经》里说："一切有为法，如梦幻泡影，如露亦如电，应作如是观。"意思是指世事变化快速。我们的心念一动，就像闪电一样，也像闪动的烛光——风吹蜡烛，光线晃动、阴影也会跟着动；风一大，烛灯便很容易就熄灭。

修行就是要常保智慧的光明，而不是让它一闪即逝；要以智慧的光明自照照人，不可让无明之风吹熄智慧之光。

智慧的光明被摇动或熄灭,究其原因是因为“无明之风动”,也就是心浮气动。但若太偏执于静者,心境便如槁木死灰,没有一点儿生气。如此的修行,便有失中道。

曾有一位医科学生,拿着老师的介绍信来找我。这位学生非常优秀,高中念建中、大学读台大医学系。信中,他的老师一直赞叹他是一位品学兼优的好学生;但因偏执佛法、很想修行而荒废了学业。

当时他是医学系五年级的学生,再过两年就可以毕业了;但是,他对人生感到万念俱灰,经常到寺院追随几位大法师。老师曾为他找心理医师面谈,却完全无效,所以要这位学生来找我。

我问他:“家中有几位兄弟姊妹?”他说:“只有一个妹妹而已。”我说:“既然这样,那你应该先从做人开始呀!妈妈对儿子的期待有多大啊!我们学佛要从做人开始，如果不能体会妈妈的心，做人的基础就无法稳固。学佛要有大慈悲心，能视天下众生犹如自己的亲人。人生最苦的事，莫过于病苦。你能够考上台湾最高学府、最好的科系，而且两年后就能开始为病苦的人服务，这是极大的救人造福之缘啊！”

他问：“佛教不是强调要把身病看开，重视生死的轮回吗？”

我问他：“你自己的生死能够掌握吗？”他说：“我就是很迷惑呀！”

我说：“你既然对‘理’感到空渺、迷惑，为何不从‘事相’去探求？你应该面对真实的人生事相呀！”

他说：“我觉得佛法的‘空’理很实在，也很亲切。”我说：“真实的事是你向我提问、我回答你的问题，此时此刻就是最真实的存在。”

后来，他又说：“我的师父发了很大的愿！”他师父的愿是——如果有众生听到他的名字，他就一定要度化对方。我说："我也曾发过这个愿。请问：你听过我的名字吗？"他说："常听到。""既然你听过，现在我们面对面谈话，你有没有被我度化？"

他说："师父，您说的话我能够了解，也知道该怎么做了；但是，必须有一段时间让我做心理上的调整。"

这就是偏差的实例，虽然他选择了医科这个方向，却对这门行业的意义感到迷惑！佛教中真正的"空"理，其实他根本尚未了解，更误解了"修行"的真义。

学佛，要真正去体会无常；强调无常是要警惕自己把握现在。这位学生虽然一直强调"人生无常"，所以要赶快修行；但是我问他："如果你休学，打算如何追求佛法？"他没有回答。所以我又说："你如果知道人生无常，就要把握现在。要不然你从二十岁一直想无常，想到八十岁还是一事无成；若是休学一年，这段时间就荒废掉了，多可惜啊！"

面对现实，才是正确之道；若为了"修行"而休学，实在是浪费一年的时间。我告诉他:“如果你好好把握这一年,就可以早一年毕业,早一年去做救人的工作。而且,如果你平均一天救一个人,一年三百六十五天就可以多救三百六十五人;早一年毕业,就早一年成为救度众生的菩萨呀!”他听后似有所悟。

“无常”不是在嘴边说说而已,也不是用来逃避现实的;而是要积极面对现实、分秒必争,这才是真正体会无常的道理。

内外融和的清净风光

在日常生活中，看到清净的摆设和干净的环境，会令人油然生起欢喜的感受，这是心灵的享受。所以，如果我们能随手清理周遭的环境，就能天天感受付出后的喜悦。

社会上，经常有人呼吁保护环境。环境保护的工作，每一个人都有责任；若是人人能负起责任，社会上必然处处是净土。但是，有许多人抱着自私、懈怠之心不愿付出，怕身体劳累又讲究享受，既不愿清除垃圾，反而制造许多垃圾。

垃圾从哪里来？从欠缺"惜福"的观念而来。

每样东西都有它的生命价值；如果轻易地汰旧换

新，即使没有把它丢掉，它的生命价值也已经失去了。

现代人的物质太丰富，物品稍旧就要汰旧换新，被淘汰的便成为垃圾。而有的人新的物品买进来，旧的仍舍不得丢；累积久了，那些存放之物还是会成为无用的垃圾，而自己也就生活在垃圾堆中。这是既舍不得、又想追随潮流所带来的后患，使得环境无法常保清新，心灵也就得不到享受之感。

我们要照顾好自己的心，并且发挥爱心去爱人爱物；每一件物品都要让它发挥功能，保持它的使用寿命，这才是惜福啊！

我们生活在世间，首先要清净自我的心地，由内在进而呈现于外——除了爱惜自己的心地之外，也要珍惜公众的环境，不任意破坏自然的景观。这是由照顾心地开始，进而产生保护外在环境的动作。

除了自己周围的环境之外，还要顾虑到别人——是否只图自己家园的清净，而把垃圾丢给别人？让垃圾车积满了废物而不知载往何处，垃圾山一个个堆积起来。如果人人能减少制造垃圾，垃圾山的问题就会减少。

凡事都要从个人做起，从日常生活中培养爱惜物品开始！

慈济要建学校时，公家机关曾经提供一块土地。那块地位于鲤鱼潭的山坡地，风景十分优美，有百余甲之大，确实是一块办学的好地方。可是，看到那些宝贵的“原始林”树木，我不忍去毁坏它；因为要建学校之前，必然会砍掉许多树木，而且还要整地、填土……虽然有百余甲的土地任我选择，但是我认为应该为“爱”而自我约束，要以“环境保护”为优先考虑。因为台湾的原始森林已经不多了，应好好保护自然生态，让更多人能随时畅游于清净的大自然环境中。所以，我最后还是放弃了。

这就是运用良知的判断，不可因取得容易就不考虑自然生态而占取它。做事不仅要为自己及他人考虑，更要为大地用心、保护清净的环境。办学固然重要，但是环境的保护、水土的保持更为重要；如果没有考量这些因素，即使推动四大志业，也会变成“破坏性”的作为。

我们应该先从清理自己的心地开始，天天自我净化，然后再推广到外境，时时勤于擦拭；若能天天清理环境，就不必花很多时间在岁末大扫除上了。“时时勤拂拭，勿使惹尘埃”！

安稳最大利

人生真正的幸福是什么？是不是物质拥有的多就是幸福？是不是空闲享乐就是幸福呢？真正的幸福应该是安稳；心不安稳，便会时时刻刻生活在惶恐之中。

虽然台湾的外汇存底很多，但是仍然有很多人感觉很不足、内心很空虚；可见，“钱”并不能让人觉得安定；真正的安稳、安定，应该是在我们的“心”。

佛陀曾说：“安稳最大利。”我们如果能乐道，即使生活简单，内心也会觉得很安稳快乐。佛陀又说：“知足最大富。”能知足的人，就是最富有的人。在日常生活中，三餐不过一两碗饭就很足够了，衣服足以御寒、保暖即可;晚上睡觉,不过三尺宽、六尺长的床铺也就够了。所以,我们应该要求的是“心不愧于社会”,以健康的身体为社会人群付出力量。

有的人生活贪不餍足,已经取得很多,还感觉不够。他们从不用心思考曾经对人群付出多少,却花很多心机在如何取得不法之财来自我享受。其实,不义之财取来身边,哪怕再多,都不能安然享受,因为要付出的代价实在太高了——要担当这一生的惶恐与不安。这样的人生,怎会快乐呢?

人来到世间,应该要发挥生命的良能。生命是要让我们使用的,所以,我们的心念要时时刻刻放在如何利益人群上;否则,纵然生命是活的,和死了也差不多。

助人为快乐之本。生活得淡泊自在,而能够付出爱心、帮助他人的人,就很快乐。力量有余的,用双手去扶不能走路的人;物质有余的,欢欢喜喜布施出去,这就是真正幸福的人生。

安稳最大利，知足最大富；能够安稳的人生是最幸福、快乐的。

切　磋

每个人的心地都有无尽的光明，只是这分光明常被遮蔽。

例如桌灯都有灯罩，只要打开桌上的电灯，光线一定投射在桌子上，这是因为灯光被灯罩罩住，所以光线受到局限；若将灯罩掀开，光芒就会发散于四周。

我们这一分心光，就像被灯罩完全遮住般，使发散出来的心光暗昧，无法反映出光明的心性，这就是障碍。

一个人必须自信、信他。对自己的能力要有信心，对他人也要有一分诚恳的信任。在日常生活中与人相处，必须互相帮助、彼此切磋；如果我们将自己的心光照射他人，他人的心光也会照射我们，人世间将充满一片光明。

然而，我们现在身处的社会障碍重重，人与人之间无法坦然相处；殊不知这些障碍都是由自己内心的魔军所造成。要降伏魔军，必须有心向善，自内心生出一股毅力，不断精进、拨开万难，勇于面对障碍所起的逆缘，以信心将其转为善缘。

一块玉石，若要成为价值不菲的宝玉，必须经过砺石的琢磨。人也是一样，我们若想要有所成就，一定要面对许多恶劣的环境、不好的眼色、难听的言语、难办的事情……我们都要一一将其克服，同时抱持感恩的心；因为这些人事是要成就我们、爱护我们的。古圣前贤能有所成就，就是凭借这分勇猛的感恩心。

“爱之深，责之切”，这句话说起来简单，但要深刻感受却不容易。其实，每一个严厉责备我们的人，都是爱我们的人；但是我们往往无法接受这种“责之切”的境地，只想追求“爱之深”的感受而已。这种心理障碍，普遍于人间。

我们若能透彻此理,再难看的脸或难听的话,也能善解,并生起感恩心;如此,就可转障碍为力量,转逆缘为善缘。

觉有情

世间有很多人为情烦恼，陷于情执、缚捆而难以解脱。

世间情有许多种，有亲子之情、夫妻之情、朋友之情……包罗万象、无奇不有的情，常使人迷惑、痛苦。

夫妻感情不睦，整天吵闹、互不体谅，是男女情爱的烦恼。子女见父母不和、担心父亲的事业、操心母亲的身体，是子女对父母亲情的烦恼；子女在学校的课业、身体上的病痛、在外的交友，父母看在眼里、苦在心里，是父母对子女之情的烦恼。

凡夫的人生，就在父母、子女、亲友之间的情爱缠绕中，牵引得牢不可拔。

父母的问题，会影响子女的情绪；子女身体不适或发生意外，父母会痛不欲生；男女间不能互体互谅，将会造成社会悲剧。这种种的牵挂，真是苦不堪言！

其实，这些情是狭隘的、是迷惘的。菩萨又称为觉有情，是觉悟之后的有情，是面向众生发出无量无边的“慈悲喜舍”之情。

人人有情，人人都可以是菩萨；只是佛、菩萨与人的差别，在于觉与不觉。人平时虽有情，但不觉，不觉就是迷。凡夫多为情所困啊！

我们要将一切的痛苦和烦恼，化作一股坚强的力量，将我们在迷中被障蔽的邪知邪见转换成正知正见。

我们若能扩大心胸，将普天下的父母都视作自己的父母，把普天下的子女当作是自己的子女，情爱就不会局限在狭隘的范围内而无法自拔。

因此，我们要把有色彩的私情看淡，才能增长深邃、长远的菩萨“觉有情”，并使这分情普遍天下、充满宇宙。

过秒关

每逢岁末,人们通常会说:“年关到了,好忙喔!”

我们不要等到年关才忙,应该时时过秒关——每天、每小时、每分钟、每秒钟,都该忙着清洁周围环境、整理内外。

同样的道理,如果我们能时时把内心的烦恼都扫除清洁,则每秒过关,年关何忙之有?

做人不该闲逸无事。有一位大企业家来看我,我问:“近来如何?”“近来很忙!”“恭喜!”“很忙哩!”“对啊!就是恭喜你忙。”“为什么?”“公司忙碌,表示你的事业正在发展,经营有成。”

我们也是一样,只要对行走菩萨道的工作——济贫教富，怀抱着一分坚定的信念，就会觉得极其忙碌。忙什么呢？忙着做收付爱心的工作。

菩萨游化人间，为一切众生而忙，身体虽忙碌，心却轻安！外在的生活因忙碌而充实，内在的心灵则因充满了爱，而没有空间可放置烦恼。

生活多一分踏实，心中就会少一分空虚；心中多一分清净爱，生活便会少一分烦恼。如此一来，则时时处在满足的喜悦法乐中。

人心柔和·风调雨顺

——由天灾人祸谈“爱的绵羊”活动

时值初夏，静思精舍大殿外阳光普照、草木青翠；加上悦耳、清脆的鸟叫声，让人有一股清凉之感。从里面往外看，可以感受这一片大地充满了无限的生机，这是多么宁静、祥和、光明的境界！

各地响应孟加拉救灾

生活在同一个世界里、同一个天地间，有些人却处在贫穷、战乱、天灾、饥饿等种种苦难之中。这世间，哀哀待救的难民何其多啊！

一九九一年，慈济美国分会发起救助孟加拉灾民的行动，本会也在台湾遥相呼应，台北、台中、台南、高雄、屏东、花莲……凡是有慈济人聚会的地方，我们都极力带起救灾的呼声，呼吁大家伸出援手，救助远方的苦难人民。

人与人之间，相互关怀就是爱的表现。虽然只是大家随喜捐助，但是加起来就是一笔可观的数目。因为有这股爱心的汇流，才有这分力量。人多力大，这也显示了台湾人的富有——富有财物，也富有感情与爱心。台湾是个富足安乐的地方，所以大家要懂得惜福、造福；人人造福，才能人人享福。

造福由节约滴水做起

造福要从自己做起，我们应懂得如何节约。看看孟加拉受灾的地区，连一滴水都难以求得；所见之处，尽是满目疮痍！有水的地方，浮着人畜肿涨的尸体——即使有水也污浊不堪，不能饮用。

台湾自从入春以来，一直到六月中旬，因为有很长的一段时间没有下雨，导致有些地方因缺水而无法耕种，公家机关只好宣布暂时休耕或改种旱作。据新闻报导，今年（一九九二）有些地方若休耕，我们的存粮也还足够维持一年。

虽然六月下旬全省各地均下了大雨，解除了旱象，水库的水位也回升了；但是，此后是否还会有适时的雨量，仍是未知数。所以，我们应节约用水。或许有人认为台湾有的是地下水源，可是若大量汲取使用，后果也会很严重。滴水如金，大家平常要把点滴之水节省下来，连一滴水也应爱惜，更何况是其他的物质！

化垃圾为黄金

我一直在呼吁垃圾分类的环保问题。为了公共卫生,我们经常使用免洗餐具;这些用具最好选用纸制的,不要用保丽龙制品。因为纸类可以回收,而保丽龙制品却会污染环境,造成二次公害。

同样是用过一次就要丢掉的物品,有的可以回收再制,有的却会造成公害。像便当盒或许染有食油不适合回收,但至少也能拿来烧热水、回收热能。所以,我们要运用智慧选择使用的物品。其他废纸也可以收存好,铝制的罐子可以顺手洗干净收好,因为这些垃圾都可以变为“黄金”!总之,垃圾如果加以分类回收再利用,可以再产生许多资源。

铝罐回收做“爱的绵羊”

金车教育基金会曾为慈济举办了一系列“预约人间净土”的活动,其中一项是由金车教育基金会制作一些“爱的绵羊扑满”,让小朋友们认领,以培养他们的爱心善念,积贮零用钱助人。我们可以把回收的铝制空罐自制成爱的绵羊扑满,让小朋友认养一段时间后,再让它们“回娘家”。

有很多可爱的孩子因为经过慈济精神的洗涤、启发爱心,所以都想存钱参加盖医院、建学校。他们天真、幼稚的心灵,均存有这种善念。

我们可以广泛地推动“爱的绵羊”活动,但是如果另外制作“爱的绵羊扑满”,将来会造成垃圾。因此,倒不如利用回收的垃圾——铝制空罐来做,把慈济爱的绵羊标志贴在空罐上,然后发给小朋友;等他们把爱的绵羊养肥后，再请小主人带着绵羊“回娘家”。这是化腐朽为神奇、化垃圾为黄金的好办法。

爱的绵羊具三项意义

常有小朋友拿扑满给我时，说：“这是要给师公盖医院、救贫困的人。”也有小学老师呼吁同学们少吃糖果零食，把钱存入扑满参加建院。所以，我觉得推动这项“爱的绵羊”活动，具有三项深义：

第一，使爱的教育能够更普遍。

第二，让大家懂得惜福爱福。

第三，是实际的资源回收。

若懂得应用，什么东西都是黄金；只要懂得造福，举手投足都是机会。我们生活在如此安和乐利的环境中，更要赶紧造福、行善；若等到环境不允许时，就已经错失良机了。

孟加拉入春以来，连续遭受热带气旋的侵袭；救灾工作尚未做好，就再遭遇另一次的灾难，死伤无数。埃塞俄比亚也再次发生战争，飞弹不偏不倚地投中油库，一千多人当场死亡。生于动乱灾变的地方，多么可怜！我们处在安定、富足的地方，更应积极地行善、造福。

天灾由人心感召

我们都希望居住的地方，能够风调雨顺。现在求雨无雨，我想这和人心有关。因为人心太过于火爆，所以感召这种热浪袭人的天气，实在令人担忧，不知干旱还要持续多久？

天灾都是由人心感召，这是一种“共业”。所以我们要放大心量、调柔心性、培养爱心；人人能够如此，就会国泰民安、风调雨顺！

凡事先由自己做起，奉献爱心要从自己开始，柔和也应从自己开始。只要求别人对我好、对我柔和善顺是不可能的事,需要人人反求诸己,培养爱心、善顺待人。修行即在“和谐”呀!

发挥人性之爱

——响应孟加拉救灾行动

入夏以来，气温偏高，天气燠热。不论走到哪里，都有一股燥热感；除非是在冷气房里，才能免于暑热侵袭。

现在社会，人人都习惯吹冷气；但是在冷气房中，又得加件外衣，内外的气温差异非常显著。此时天气炎热是很自然、正常的，而室内的凉爽则是由人工造成的。现代科技确实带给人们莫大的享受。

孟加拉天灾不断

在我们享受现代科技的同时，世界上正有许多国家因自然气候的剧变而造成灾害。

例如孟加拉，在短短的十数日内，天灾接二连三地降临。一个热带气旋，损伤了十几万人的性命；接着一场豪雨，使得许多人的房子倒塌；还有洪水泛滥成灾，又有几万人的生命因而丧生。真是雪上加霜，苦难不断。

在一个月内，灾祸连连。根据最保守的估计，目前死亡人数已近二十万人之多，失踪者则无法估计。因为灾区范围很大，要加以确实统计很困难。

想想，生活在同一个天地间，我们可以享受风和日丽的气候，虽然有时不免闷热难耐，但是比起风雨不调、天灾人祸不断的国家，我们真是幸福多了，应该要知福、惜福。

伸出援手拔苦与乐

只要一有时间，我就会到慈济医院探望病人，经常远远地就听见一阵快乐的笑语声。我循声走过去，看到快乐的志工们与病人乐成一片；病患抛开病痛，满面笑容沐浴在欢欣愉悦的气氛中。可见，医院里虽有苦痛的一面，却也有快乐的一面。

快乐是人为的，也是心理的感受。尽管现实的病痛是悲伤、痛苦的，但是若有人以爱心展开辅导的工作，使患者转变心态，便能使痛苦成为“痛快”的感受。

而孟加拉地区，触目所见都是水灾、风灾留下来的惨象——房子倒塌了、田园流失了、人畜伤亡……无家可归的人、瘟疫患者、饥饿者、受伤者到处都是，真的是满目疮痍！像这种情形，要如何去引导他们“以心转境”呢？最好的办法，是赶紧伸出援手，奉献自己的绵薄之力。

美国分会发起救灾

慈济美国分会和德州支会,在当地发起美金“一人一元”的劝募活动。在美国劝募相当不容易！他们劝募了三天,才汇集二三千元美金,实在非常困难。不过,大家还是不畏辛苦地推动这项工作,不断地为灾民努力劝募。

美国分会的第一次劝募活动,是为了救助中东战争结束后的儿童。当地库尔德族的战后孤儿流离失所,境况非常悲惨。于是,加州分会将劝募所得的一万美金交给红十字会,由该会展开救助的行动。红十字会收到这笔钱后,非常感动,他们说民间的团体,很少有这么团结的行动,捐献的数目也少有如此庞大的金额。

我很欣慰分会能够如此自动自发地展现“人性之

爱”，大家节省一些不影响生活的钱来救助灾民，就有许多人因此而得救！

节省一块面包钱

我们也应该发这分心；在美国是“一人一元”美金，我们是否可以每人节省一个面包的钱，来响应这个活动呢？只要每人捐出一个面包的钱，众资聚集，我想这个数额就不小了。我们不要轻视微小的力量，慈济就是从很小的力量做起的。

我呼吁大家把这分讯息传达出去，随分随力展开活动。虽然劝募的数目不敢预估太多，但是多少也能够救助一些异国的灾民——希望大家共同伸出援手、奉献心力，这是我目前最期待的事。

请大家在福中要知福、惜福、再造福！

远离渴爱

所谓“渴爱”，是指我们内心对物质无止境的欲望渴求。

一般人所追求的东西，大抵不离天地间有形的事物。以日常生活而言，食物是维持我们色身不可或缺的东西。有些人虽然只吃青菜、豆腐，照样精神充沛、身体健康；而有人却每天无鱼、无肉就难以下箸。

同样是过一辈子，欲望大的人得花很多气力，但仍无法满足他的需求；而欲望淡泊的人，少愁少烦恼，便能够安稳满足、快乐地过一生。

所以，同样是在过生活，饮食的目的只是求温饱，穿着也只是为了护身之需；除此之外，还有什么更深层的意义呢？若是凌越这个基本范围而一味追求华美，那就变成“渴爱”了。这种永无止境的追求，只会导致心灵的枯槁，就好像被太阳照射的沙漠一般——沙漠本来就缺水，又被烈阳直接照射，其枯槁可想而知。“渴爱”的痛苦，类似于此。

人若能体会这个观念，善用物质维持基本的需求，就可以节省无谓的时间及物质，挪注于“取诸社会，用诸社会”的正途。

我们活在天地之间，若只是随波逐流，让形体随着时间而生老病死，那实在是毫无意义的人生；若能节省追求食、衣、住、行等欲望的时间与心力，就可以定静下来，追求我们的人生正道。

慈　忍

“慈”是爱的表现，不管爱人或是被爱，都是幸福的。但是这些爱通常指的是人间的爱，是有范围的，所爱的对象都只是与“我”有关系的人、与“我”有缘的人。

佛教说的爱是透彻的，即“无缘大慈”——给予一切众生快乐；这包含了与我们非亲非故的有情生命。除了给他们快乐，还要救拔他们的苦难，这就是慈心悲念，透彻、无边际的爱，就是慈的真义。

透彻的爱，就是无色的爱。它不是出自污染心，也毫无爱此憎彼的分别心。尤其于“时”不分长短，于“地”不分远近，更不分宗教与种族；只要有苦难的“时、地、人”，看得到、听得到、做得到的，都会尽量设法去做，绝无索求回报之意。所以，它是无色的爱，能爱得普遍、爱得透彻、爱得干净俐落，这就是所谓“无缘大慈，同体大悲”的纯真净爱。

我们都应有这股大慈悲的爱心，发挥人性爱的光芒，使大慈大悲的力量聚集，普遍救济一切众生，达到无缘大慈的境界。

但是只有爱是不够的，还要加上“忍”字。人生所以有许多苦恼的事情，多数是出在不能忍的心理。人生在世，周遭的环境不出两种：一是顺境，一是逆境；顺境是人人所喜爱追求的，逆境则是人人所畏厌的。但是，为人处事应不避拒逆境、不企求顺境，随缘处境、能安能受；这全凭“忍”字、发挥慈爱的力量，才能以心转境。

无挂碍

过去，大家都说“家家弥陀佛，户户观世音”，我将这句话改为“个个弥陀佛，人人观世音”。

佛与一切众生的心都是平等的，只有一项差别，那就是佛保持“人之初，性本善”的清净本性。所以，在佛曰“性”，在凡谓之“心”。其实，“心”和“性”是同样的东西，只不过“性”是无污染的本性。

当我们呱呱落地时，并无善恶的分别和人我是非的竞争，每个人的本性都是那样地良善、清净。但是在成长的过程中，受到社会熏染，心就生起欲念；有了欲念的心，就会有竞争；有竞争，心就会惶恐，这叫做“我执”。

当一个人贫无一物时，会说："我要争一口气，我要认真奋斗。"一旦成功、赚大钱时，便开始惶恐、挂碍，害怕会失去这些财产。

常常有许多人很苦恼地来找我，有的人说："师父，我被倒了好多钱！"有的人说："师父，我的会快缴完了，却被倒了！"

每当听到这些话时，我都回答："恭喜啊！"

他们就问："师父，你为什么说恭喜？"

我说："幸好不是你倒别人的钱。你被人倒，心无挂碍；心无挂碍，就没有恐怖；没有恐怖，就会远离颠倒梦想，因此值得恭喜。相反的，若是换你倒人家，那么内心将会大为挂碍，烦恼、压力也会很重呢！"

他说："我赚得那么辛苦，这样被倒，实在不甘心！"

我说："想想你还未赚到这笔钱的时候吧！那时，日子还不是一样过得很好，就当那些钱原本就不存在吧！说不定，有一天对方会忽然捧着钱来给你，让你吓一跳呢！到时候便如福从天降一般，所以我说恭喜。”

患得患失，是我们的凡夫心。学佛就是要培养一分洒脱、无得失的心，对任何事都不挂碍、不存疑。

照顾心念·时时专注

我们常常谈“心”,也一再提起“爱心”;所谓“爱心”,是要反观自性、爱护自己的心,把自己的心念照顾好。

平时如果不能照顾好清净、无染的心念,学就会不专。虽然佛教的教理看起来非常深奥,即使投入数十年的时间研究三藏十二部经,都无法研究透彻。不过,只要有志专心学佛,也可以说很简单——那就是照顾好这一心念。千经万论,无非都是教导我们要照顾好这一心念的方法。

我们若能以最简单的方法,转凡夫心为圣人心,好好爱护与照顾这分心念,就可以立地成佛。修行是这样,做事也是如此。

譬如在道场里修行时，念佛要专心、拜佛要专心，诵经也要专心。诵经时，要用心分析经文的教理；念佛时，要如佛在眼前，抱持佛心即我心的念头；能如此，则我心分秒都融会佛心，这不就是立地成佛了吗？这是指修行人的心态，也就是心要“专一”。

即使在工作时也是一样，要抱持最简单的心念。无论做什么事情，心、手和脚都要连在一起。我常常说，手拿东西时，要把心放在手上；开门时，也要把心放在手与门上；走路时，心要放在脚底下。心若能时时放在举手投足间、不离开身的动作，如此，即使在做事的当下，还是不离修行。

和人说话也一样，心要专注，用心听别人说话、用心透过大脑思维该说什么话；这样，必定能为所说的话负责任，每一句话都“掷地有声”——也就是说，每一句话都能起作用，每一句话都有分量，这即是说话专心。

如何听话专心呢？我们要会过滤这是谁说的话？

说话人的用意为何？若听到有启示性、教育性的话语，就可以把它当作佛法般奉持。

慈济有一位老师姊，在听进一句话后，人生完全改变了。哪一句话使她改变呢？她说："是师父说过的一句话——'缩小自己'。后来，我又在师父那儿捡到一句宝，我带回去和孩子们分享，结果他们也都应用得很成功。"

我问她："你捡到什么宝给你的孩子们？"

她回答："'天下无我不爱的人，天下无我不信任的人，天下无我不能原谅的人'。我把这'三无'送给孩子们，他们也懂得运用在员工、朋友以及周围的人身上；结果，事业愈做愈顺利，待人处事也更加圆融了。"

这位师姊，就是用心听话的例子。当她听到"缩小自己，包容他人"时，觉得非常受用，回去后就以身作则影响媳妇，也教育她的儿子。她真正把婆婆的身份缩小下来，包容媳妇；儿子发现母亲因为接触慈济而能和太太和睦相处，无形中也对慈济起了一分恭敬心。

母亲看他对慈济、对师父有信念，就把师父所说的话转述给儿子；儿子因为已经对慈济有好感，相信师父说的话没有错，所以每个人都把“无我不爱的人，无我不信任的人，无我不能原谅的人”这句话，运用在日常生活中。没想到这么简单的一句话，不仅对自己的修心、修身有益，对朋友、员工及客户，也都建立起很好的形象。

这就是专心听话。若能真正专心听话，即使是简单的一句话，都可以终身受益。

另一位从美国加州回来的人士前来看我，我问他：“你曾去过美国分会吗？”他说：“我没去过。不过，我也是会员。”“你是谁的会员？”“是一位老菩萨。她好像姓林？又好像姓王？”他一直说不出对方的名字，我们就臆测：“是不是王秀琴？”他回答：“我不太清楚，只知道是‘杯子缺一角’的老菩萨。”

“杯子缺一角”的典故是这样的：有一次，一位从美国回来的老菩萨，刚好听到我说了一句——“一个有缺角的杯子，不看缺角，其他地方仍是圆的。做人也是一样，每个人都难免有缺点，不去计较那些缺点，就是圆满的人生！”就这么一句话，转动了她的心念。

过去，她常常埋怨人生的种种缺陷。事实上，人生本来就没有十全十美。“一个杯子的缺角不看就是圆的”这句话，使她了悟：不用太在意人生的缺陷。从此，她过得既快乐又自在。

人生若懂得听话，并时时刻刻运转自己的心念，这就叫做“转心轮”——转掉过去不满足的烦恼心，而能常存感恩、满足，自然时时快乐。

老菩萨将这分快乐的心境，从台湾带到美国。“杯子缺一角，缺的那一角不看就是圆的”，因为这句话的启示使她获得快乐，所以她也希望大家能够“同沾法益”。于是，她便不断地说这句话；辗转流传，当地很多人都知道，她就成了“杯子缺一角”的老菩萨，这也是一句话的成就。

学佛若懂得善用，则信手拈来无不是佛法；若是不会运用，纵使整天沉浸在千经万论中，那些经法对我们仍然没有效用。

人，常常喜欢卖弄聪明，想让人知道“我的学问广博”，所以时时在用心思、起杂念。学佛，就是要去除杂念、照顾好我们的心，使它“寡欲专念”——杜绝欲念，自然就会专心。希望我们从最简单、最直接的方法入门，如此，就可以“入门见佛”了。

熄灭烦恼即身处天堂

“佛学”,只在于学一个沉着、清净的心念。平常若能降伏妄心,把心念照顾得很好,便是常寂光涅槃之境。何谓“涅槃”? 就是寂静、心无妄动、无有生灭。

心念为苦乐之源

凡夫要让心境常保寂静当然不可能,所以称之为众生心。但是正因如此,我们更要注意照顾好自己的心;心若没有照顾好,便可能于起心动念时,结下恶缘,造下遗憾。

心念转善,便是快乐,其乐有如身处天堂;若是一念向恶，便是苦恼，其苦有如地狱。这都是心念的转变，所以有“一念遍十法界”之说。

慈济有一群充满爱心的委员，他们不只济贫，还要教富；而济贫教富之前，自己必先转动心念。过去，起心动念想的都是自己，为自己设想、为自己谋求福利；进入慈济之后，把自私的心念转为行善造福人群之心，任劳任怨，放弃过去自私的追求。现在大家除了济贫教富之外，又要轮流到慈济医院当志工，虽然工作很辛苦，但是心里却充满欢喜，因为这是出于欢喜心的服务。

若是没有欢喜心，便不会安然自在，即使身处很好的修行环境中，还是会充满人我是非的烦恼心，于身口意不断地造业。

对人对事若不能生欢喜心，即使居住在清闲的环境中，心里仍然不得清静，显得处处是烦恼。譬如看到一个不顺的眼神或听到一句稍不中听的话时，心里便生起瞋恚、烦恼，这就是凡夫心——再好的环境都不会满足，不会生欢喜心;甚至环境愈好,愈是觉得不足,不知自己身在福中。如此之人,虽然身在丛林修行,心境也永远不会向圣贤看齐。

慈济的委员虽然身处俗家,但是他们经常保持着欢喜的心念,实在很难得! 此心即佛心,秽土亦能变为净土。

一念差,万念皆错

有一次我到慈济医院探慰病人时,一位巡房医生告诉我:“师父,有一位病人很想看看您!”我便跟着他去看那位病人。

一进去,看到病人的表情非常痛苦,我问:“你怎么啦?”病人说:“不小心吃错了东西!”病人的食道完全被毒物破坏,连讲话都极为困难。医生解释说:“她的食道被剧药破坏了!”病床边站着一位先生和一个女孩子,我想可能是她的先生和女儿。这位病患看起来,可能只有四十岁左右而已。

我走出病房后,向医生详询她的病情。原来这位妇人因为怄气,一时想不开喝下剧毒药物。不只食道完全毁坏,连胃也全部蚀毁了。这正是"一念差,万念皆错"啊！从此,她必须过着犹如地狱般的生活！当初她若能忍得一时之气,转个心念便能化危机为契机,过着和睦圆融的人生。现在她真是悔不当初,多可惜又多可怜啊！

我曾在报纸上,看到一篇"宗教可以化解婚姻危机"的文章,细读之下,发现原来是记者引述慈济委员讨论婚姻问题的谈话。有一位慈济委员现身说法时表示:"过去被先生责备时,他讲一句,我就回他两句。"进入慈济后,她的人生观完全转变了。当先生责骂时,她就跑去照镜子,对着镜子微笑;等先生骂完后,她以面对镜子的表情给先生看。这的确是很好的方法啊！

人生如果有目标,就能明白如何降伏心念。那位委员已经找到目标,即“看开”和“精进”,要懂得忍耐,才会看得开。若看不开,便无法精进;因为心念仍在人我是非上打转,哪有精进的机会?

学佛主要在降伏心念,让心念寂静、妄念不生;烦恼熄灭,即是涅槃境界。

知处非处·善尽己能

清晨听到窗外枝头小鸟的叫声,令我想起一则十分感人的故事。现在就以这个故事,来看现在的社会动态。

古代仁君帝尧,施行德政治理天下,使人民过着和乐的生活。有一天,他想将天下让给许由——一位具有智慧与才干的贤人。

他担心许由不接受,就先说了一段话:"既然有太阳和月亮,又何需一只小小的萤火虫?既然有自然的露水和雨水,天下的树木就不需要人工浇水。现在我的体力与智力,就如萤火虫般的微弱;而你的智慧和才干,却如太阳、月亮般的清朗、明亮。我应该将天下交给你,希望你能接受。”

许由回答:“一只麻雀,只须栖于小树枝上,就安稳无忧;一只小老鼠口渴,到溪边最多也只能喝满一小肚子的水。我的才智就像小麻雀一般小;我的需求就像小老鼠一样,只有一个知足的念头;这样,我已经觉得逍遥自在。你将天下治理得这么好,君主之名实至名归。你现在将君位送给我,只不过是送一个‘虚名’,我不能接受。”

过去的古德贤人想让贤天下,今人却为一己的小名小利而纷争不已。

佛陀教我们要有知足的心态,衡量自己的体力和智慧,不受虚名。佛陀有十力,第一智力是“知处非处智力”——自知自己的分量、地位、能力,何时该说什么话、做什么事;不浪费时间,辜负自己的良知和良能。

佛陀来回人间,娑婆世界就是他所游化的地方。现在,娑婆世界很需要如佛陀的慈怀及菩萨的毅力;有了慈怀智慧与实行的毅力，社会的不良风气才能扭转过来。

我们是佛弟子，当然要像许由一样知足少欲，也应有佛陀知处非处的智力。现在的社会，正需要一股清流般的智慧并发挥功能，千万不可将宝贵的人生功能浪费在彼此争执的日子中。

慈悲喜舍与自在轻安

人的心念多数都有烦恼，因为烦恼，所以凡事迷惑于心，生活因而容易乱了步调。修行就是要“摄持心念”——把握每一秒的心念，舍弃烦恼而不执著烦恼。

什么是“舍”？“舍”是舍得布施；如果有施舍心，就能付出爱心。由此，不仅会得到别人的敬爱，更能舍去自身的烦恼而得到轻安。所以，只要能“舍”，心灵便会自在。

但是，有的人却很“执著”，先求后舍，这即是烦恼、痛苦的根源。人生若能舍掉烦恼，以无所求之心布施，才能得到真正的快乐。

佛陀在世时，乔萨罗国有一位穷困的苦行者，带着家眷一同修行，这是当时外道的普遍情况。

这位外道修行者的妻子在即将临盆前，对他说："虽然家里很穷，但是头一次生产时，依例需要准备好麻油，不能少了它。所以，请你一定要先准备好麻油。"

这位外道修行者的家中，穷得连一滴麻油都很难求得，但是他的妻子却一而再、再而三地提醒他，务必准备麻油。为此，他深感烦恼，也觉得很愧对妻子。

就在那个时候，有消息传来，乔萨罗国的国王是一位虔诚的佛教徒，每月都会定期打开粮仓，供养修行人。仓库里有各种食物，凡是修道者都可以到仓库里取食。但是，国王有一项限制，所有的食物，只能就当时所需取食，不可携带回家，即使是油也一样。

这位穷苦的外道修行者因为迫切需要麻油，就想了一个办法：他想先把麻油喝足，回家后再吐出来供妻子"坐月子"。他认为这是一条妙计，于是进入国王的仓库后，其他食物一概不吃，只喝下很多麻油。

他空着肚子光喝油，一直喝到实在不能喝了才停止。回家的路上，他的肚子已经无法忍受，开始绞痛、腹泻，一路上非常痛苦、挣扎。结果可想而知，这位外道修行者不但没得到麻油，还累得腹泻、绞痛，痛苦不已！

佛陀听到这件事，便对弟子们开示：这就是"执著"。因为执著"麻油"，且取得的方法错误，才会造成自身的折磨；亦即人若缺乏智慧，便会受制于世俗规则，而无法解除俗规的执著与烦恼。

希望人人启开智慧，要有"舍心"，不要有"求"的烦恼；能"舍得"，则"执著"捐弃无遗，即得大自在智慧无碍。

发挥菩萨清净爱

用"心"支配时间

在日常生活中，我们可以用心念来支配时间。有心利用时间，就会将分分秒秒运用得很踏实；若不用心支配时间，任凭时日空过，就无法精进。因此，"心念"会运转时日，也会使人空过时光。

学佛，就要学得一念"心专"——用心在当下所从事的每一件事上；心若不专，即使整日工作、应酬、从事娱乐休闲活动，看似忙碌，其实都是在空过时日。普贤菩萨说"是日已过，命亦随减"，日子一直消逝，生命也随之日减。减去了寿命的时间，就少了服务人群、成就功德的机会；无法造福，便只能“消福”！

佛说在六道之中，除了人道以外，就没有机缘可造福。譬如天堂时日虽长，却是人人享乐，没有造福的机会。所以，我们应把握时间，投入有意义的工作。

同样是生活，人却有不同的情况与环境：有些人要穿没得穿，肚子饿了没饭吃，为日常所需疲于应付，怎有多余的时间去造福？有些人则是生活不虞匮乏，每日奔忙于各种应酬，却也觉得时间不够用。但是，更有一些真正知足的人，很踏实地求知、求学，每一分、每一秒都运用的很得当。同样都是人，过日子的心态却不同，这些差别也是由“心”起。

时时心存善念

我们台湾有一大群“爱心”人士——“爱心”就是爱自己的心，把心顾好；时时心存善念，即是日日在造福，这就是修行。

有人以为,以东西布施于人就是有爱心;其实,那只是付出行动去帮助人。事实上,应该要感恩让我们帮助的人,因为他让我们学会爱自己的心——使心不起恶念,照顾自己的心,时时发挥善的功能。所以说,“爱心”不是给人物质,而是经由别人启发出自己的智慧和慈心;若无示现苦相的众生,只看经文、诵些句读,是很难启发人心的大悲、大愿。

心存感恩付出

慈济有许多志工,不惜付出时间、金钱投入服务的工作,他们感激示现苦相的病患,让他们举手投足都能发挥菩萨愿力。他们做得很欢喜,欢喜心就是菩萨的心、觉悟的心,这都是起自于“爱心”。所以说,发出爱心就是造福的人,也是为自己修福的智慧者。

有些人付出关怀后,就计较"我是为你而做、为你付出的",这样心中反而会常起烦恼;不知道"帮助别人,受益的是自己",这叫做"愚福"。

此外,有所求而发出的爱心,修得的仅是"人天"之福。我们学佛者,要用智慧造福,体会爱心的真义,觉悟"付出爱心"就是在修行;时时刻刻关照爱心,不要因为贪爱、瞋恨、愚痴而起心动念。有机会付出,要心存感激、不要想收回,这才是智慧明亮的"清净之爱"。

无常与永恒

“人命在呼吸间”，无常迅速，我们要把握时间，提起精神用功修行。

佛陀常说：“诸行无常，诸法无我。”世间一切，大自然有更替，人、事、物有变迁，何者是“真常”不变？在无常变幻之间，我们若想探讨生命的奥秘、了解人生的道理，就得好好掌握时间。

日常进退·活教科书

我们要知己知彼，时时反观自省，注意自己是否懈怠。看到别人精进，要见贤思齐；若是看到他人有不好的言行，自己要反省。如果犯了同样的过错，应即刻改进，这样才能产生勇猛心；有勇猛之心，才能行“精进行”，而进入贤圣的境地。

日常生活中，无一不是让自己警惕的时候。只要用心观察，别人的懈怠就是在警惕自己；所看到的恶言恶行也都是我们应警惕之处，是自我最好的教育。所以，古人说：“三人行，必有我师焉；择其善者而从之，其不善者而改之。”

好与坏都是我们的老师，看到好榜样应赶紧学习跟上；看到不好的言行，则要问自己是否和他一样，有没有恶言粗声、疑神疑鬼？我们常容易忽视日常最现成的“活教科书”，舍此而读白纸黑字的经书，这不是很矛盾吗？若是不懂得在活生生的生活教育中修持、学习，那真是既可惜又可怜！

佛陀常宣讲三法印——“诸行无常，诸法无我，涅槃寂静”，我们应常以此启发自己的智慧，因为一切都是无常无我，还要计较什么呢？

对于贤圣者，要随时存着敬重之心；对于行为不端或智识较差的人，则要以包容心待之。具备敬重、包容之心，就不会有计较的心态。

诸行无常·把握因缘

有一位年约三十多岁的先生，因丈母娘突然去世，便连夜和妻子从台南迢迢赶回花莲奔丧。他在布置灵堂时，发现少了装饰用的花，就专程骑车出去买花；没想到在回程的一个转弯处，被一辆军用车撞倒，伤重不治。一个年轻力壮的人，谁会料到他有这种突发的横祸？若有人说他没有遵守交通规则，才会丧失生命，他又如何辩白？这不是诸行无常吗？人生何需辩论、计较！

我们如果把时间花费于计较别人的声色不好，说："你错了，你的脸色不好看，你的话很难听……"如此，人我是非不断重演，而空过修学因缘，想想自己是不是很无智、愚痴？

特蕾莎姆姆献身苦难

有一位虔诚的基督教人士，送我一卷记录特蕾莎姆姆济世行为的录像带。世间充斥着苦难的人，看到这些贫病苦难的人，生活在垃圾堆里，那些画面真是惨不忍睹！可是，却有那么多修女愿意放弃自己安逸的生活，投入救助贫病者的行列。他们把饿昏或病倒在街头巷尾的人抬回去，毫不嫌弃贫病者的污秽不洁。

他们也是一群"出家"的修行者——能够放弃安定的生活，到印度的贫民窟济助饥饿贫病的人群；到最贫困脏乱的地方，把无人理睬的病人带回疗养所照顾，帮病人洗涤、喂食而不怕被病菌传染。

舍离安逸·义务服务

全身肮脏、重病的人，他们都愿意去爱护；反观我们生活在安定富裕的环境中，身体又健康，为何不会彼此爱护、尊重呢？

一个家庭若有爱的气氛，这个家庭必然很幸福；一个团体若能彼此发挥爱的功能，这个团体一定很和谐，而这都要能真正体会“诸行无常，诸法无我”。因为懂得无常、无我，便会投入“永恒”之中，从事永恒的工作；若只计较无常之事，就会失去永恒的功德。

要让人敬爱，唯一的方法就是先去敬爱别人。修女们为流离失所的病人擦澡的那一幕，让我联想到我们的志工，因为他们也是这样做的呀！志工们大都是委员，多数家庭经济富有。他们走出安逸的家，进入病苦充斥的病房为病人清洁、护理，慰问孤苦无依的患者。修女修士们能做的，志工也能做呀！

无常人生·唯爱永恒

我们要体会无常、投入永恒，记诵“诸行无常，诸法无我，寂静涅槃(永恒不灭)”。这样，就没有什么是非值得计较。哪一个是“你”、哪一个是“我”，争执到最后，谁又真的赢了？我们应体悟真实的我，是永恒的爱；悖离了永恒的爱，一切都是无常，也没有真实的“我”了。

一粒米中藏日月

——发挥平等大爱援助大陆水患同胞

大陆水患灾民待救援

这些年来,我秉承"为佛教,为众生"的师训,以"慈济"担起如来家业,并以佛教的精神、社会的人群与事物来磨练自我的身体与毅力。我一直告诉自己:"不能哭、不能流泪!"即使遭遇再大的困难也一样,但是最近我常常不由自主地泪流满面……

前不久(公元一九九一年),大陆有十九省遭受空前的大水难。从新闻媒体上得知,那里的卫生条件本来就不好，只要洪水一来，茅坑里的污物就会浮上水面；洪水退后，留下四处爬行的蛆。灾民就泡在污水里，喝的也是那些水；因为水不清洁，肝病、肠炎、霍乱……正逐渐扩大蔓延。

近一个月来，每次用餐时，想到大陆的灾胞现在连一粒米都没有，眼前这碗饭就难以下咽。晚上要躺下休息时，想起许多避水不及、随床浮在水面的灾民；想起报载一间楼房顶挤满了几十口人，连坐都不可能；每个人都背紧贴着背，只能站着靠在墙边睡觉的情景……我如何能在床上安眠？所以，我决心要进行大陆赈灾的工作。

在一般人的观念里，台湾和大陆有“此岸”、“彼岸”的相对；彼此之间，似乎有着“成见”，所以有部分人对大陆救灾工作相当冷漠。

为真正伟大的爱诠释

慈济是以佛教的精神，致力于社会人间的志业。我们要有和佛一样悲悯众生的心——人不分种族，有爱就没有怨，有爱就能化解异己的成见；能有如此宽广的心胸，才符合佛陀救人的精神。

"爱你的朋友不稀奇，爱你的敌人才伟大。"何况，受灾受难的是无辜的老百姓？尤其，他们和我们又有很深的种族因缘——我们的祖先，不也是从那边来的吗？这分缘，甚深且厚。所以，他们有难，我们不能袖手旁观，要以"无缘大慈"的心，将爱化为实际行动，真正去拔除灾民的苦难。

台湾近四十年来风调雨顺，大家安居乐业、丰衣足食，这是因为大家凝聚了爱心，是善业的共聚、福(善)业的因缘；有这些福业，才感得天时顺利。既然我们有这么多福缘、善业，而彼岸的同胞们正急切需要我们的帮助，只要捐出一些钱，对我们的生活并没有什么影响，但是对他们的帮助却是非常的大！所以，我真切希望大家能够突破"两岸"的观念，将我们的爱跨越到大陆。

目前，穿衣保暖比食物供给还来得重要，因为现在灾民们每天都还可以领少许的米粮维持生计；而这几个月来，大水把他们的衣服、棉被都泡烂了。秋天快到了，大陆四季分明，秋风萧瑟；紧接着又是冬天，届时将是一片冰天雪地。所以，必须让他们有衣穿、有棉被可盖、有屋可住。

我希望能为他们盖一些可耐风吹雨淋的砖瓦屋，收容孤老无依以及伤残者；并且让那些无家可归的人，重新有个栖身之所。

一粒米，大过须弥山

大陆赈灾，包含了几层意义——

第一，是爱的传递。将台湾捐款人的爱心，点滴不漏地送到受灾户的手中。当他们接获这分温情时，能日夜感怀我们对他们的爱；希望进一步唤起他们人与人之间的爱心。

佛教中有句话说："一粒米大过须弥山。"现在，我深深体会到"一粒米中藏日月，半升锅里煮山河"。因为此刻正是大陆灾民最需要帮助的时候，若能及时给他们一分恩情与爱心，他们会日日月月、岁岁年年难忘怀；相信这分爱，可以化解两地几十年来的隔阂。而经由此次的赈灾因缘，也许只是一粒米、半锅饭，亦当使两岸的山河、人心交融和合。这分爱的功能，岁月、山河可以见证。

第二，那里的灾民，正迫切需要救援。大陆四季分明，秋天过后，冰天雪地的冬天很快就会来临。他们无衣无食亦无被，很多地区至今还泡在水里。

以信心面对历史挑战

此次大陆水患肆虐，灾后的重建工作艰巨，所需的灾款也很庞大，赈灾工作将是高度智慧、人力和财力的结合。但是，我们仍将一本"人饥己饥，人溺己溺"的精神，以无比的信心去面对此历史性的挑战。除了实质上的帮助外，同时也是一次"教育因缘"——它启发了我们的良知，使大家有机会关爱他人、共造善业，创造出更安定的环境。

国王与乞士

世间有五花八门、形形色色的物质，足以诱惑人心、使人迷乱，要忍色忍欲不受诱惑，实在是很难。所以，佛陀说："见好不求难。"

贪心重的人，总是对自己目前的环境不能满足，永远觉得空虚而有失落感。由于不满现实，所以常常向外追求，因而往往容易迷失自我。因为这分追求的欲望而误了前途的人，大有人在。

庸碌一生何以安此心

佛陀在世时，有一个小国的国王，富甲天下。他深信今生此世的位高权重,是他过去生布施、造福的结果,所以他很喜欢造福。

有一天,他启开珍宝库藏,以七天的时间为限,发出通告说:“人,不分远近、不分种族;只要来此,一定有求必应。”他将珍宝分成一堆堆,每堆约如六十个枣子堆起来那么大;来求助的人,固定每人给一堆。尽管这些财物有不少人来拿,但还是剩下很多。

佛陀知道这位国王发如是心,可是他这样的造福并不是真正的解脱,因为他还是有所求——求来生福。

于是,佛陀便化身一名乞士来到国王的面前,国王问他:“你有什么困难尽管说,不用客气,我一定满足你的需求。”

乞士说:“我知道国王喜欢布施造福,所以我来求取财物。”

国王说:“好,那你就拿一堆去吧!”

乞士拿了一堆珍宝就走,可是他只走了七步,又回头把珍宝放回原处。

国王问:“咦! 你为什么又拿回来呢?”

乞士说:“本来我想三餐温饱就可满足,但是现在有这些珍宝之后,却还是过着流浪的生活,所以很希望盖一栋房子。”

国王听了觉得有道理,就说:“你可再拿一堆。”

他真的再拿一堆,可是走了几步又回头放回原位。

国王疑惑地再问:“怎么啦?”

乞士回答:“我想,如果把这些东西拿去卖了,也只够盖一间房子;若想娶妻,也还不够呀!”

国王说:“好吧! 你拿三堆去,这样就足够娶妻建屋了。”

乞士于是拿了三堆珍宝,转身便走;但是走了七步,他又回头把东西放在原处。

国王很讶异地说:“你这个人真奇怪,三堆财宝难道还不够吗?”

他说:“我算一算,仍然不够。因为即使房子盖好,娶了妻、生了子,我还得找一些奴婢来侍候妻儿,或者把房子装潢得漂亮一点。所以,算起来还是不够用!”

遇到这样的人,国王却也度量宽大地说:“那你就拿七份去吧!”

乞士真的拿了七堆宝物离去。不过,走了一段路后,他又把东西原封不动地放回去。

这时,国王微怒道:“你真是一个怪人!这些财宝够你盖房子、娶妻,也够你养奴婢、享受一生了,你还嫌不足吗?”

乞士叹道:“我再怎样计算,仍觉得不够!即使什么都有了,可是儿子长大后也要娶媳……唉!人生一世,确实是追求不完、也做不完呀!况且人生无常,我宁可过着目前这种朴实的日子,没有精神负担及家室之累,清静地过一生。我认为目前的生活,就是我最理想、逍遥自在的生活方式。”

国王听了这位乞士的话，顿有所悟。他想：“对呀！人生有永无尽头的追求，我现在已经很好了，还想追求来生的福；若生生世世只追求福报，那就永无解脱之日了。身为国王，要为百姓、国事操劳，还得防范他国的侵犯；为此忧恼，是真正的福吗？我应该去追求更超然自在的福！”

弃欲无贪最轻安

一般人求无止境，所以“见好不求难”。像那位国王，身为一国之尊，又富甲天下，也还觉得必须再求取来生的福；而那位乞士想要房子，又想娶妻；娶了妻又要奴仆，而且还要为未来的子子孙孙设想。人生如果像这样求无止境，多辛苦啊！

“追求”并非全然不好，我们学佛也要“求”精进。不过，精进是为了解脱自我的心灵，“求”突破人间色欲的诱惑。因此，要用脱俗的精神追求心灵清净，才能达到“弃欲无贪”的轻安境界！

广学博究·事理通达

一般人追求智识,要能够专心学习已经很困难;能够专心,又能用心深入研究,就更难了。所以说,"广学博究难"。

平常人只讲究"广学",想学的事物很多,但都不能持之以恒、专精深入,刚学会一点皮毛,就又想学别的东西。一天到晚心不能专、行不能精,整天都在想这个、学那个,可是却没有一项真正做得像样。

做任何事,都需要耐心、专心。果真有耐心,即使是一件很艰苦的事,也能够一路到底地学下去;能专心研究,便能"一理通,万理彻"——一种道理精通了,其他的道理也就会触类旁通,处理事情就更能得心应手了。问题就是因为我们无法专心,所以不能对道理了解得很透彻。

以管窥天徒自扰

战国时代,有一位自认为“通今博古”的人,常说过去的书籍、人物、历史他都懂,可以出口成章;甚至对于当前社会的种种,他也自以为完全了解。有一天,他心想:大家都很称赞庄子,却没有人知道有个才华过人的他。因此,他想去和庄子辩论一番。

于是,他怀着自以为博学多闻的傲慢心态,前去拜访庄子。他一见到庄子,就把自己所知道的一切,滔滔不绝、如水一泻千里地高谈阔论;但是庄子只是微笑着,不发一言地听他讲。等到他把想说的话都讲完了,庄子便以温和而郑重的态度回答他的问题,反驳他不周到的理论。

这位自以为通今博古的人，听了之后非常吃惊；原先他以为天下只有他最了不起、最了解一切事理，当下他才知道：原来自己所知道的，只不过是表面、浅显的道理；真正有深度见解的，是沉默稳重的庄子。听了庄子那精简而微细的分析后，他心中的高傲之气完全被折服，也才知道普天之下还有比他更了不起的人。

看了这个故事，我们也想想自己平日又学了多少呢？自以为通今博古的人，到底又“通”了多少？那位傲慢的人确实也学了不少，但是，为什么不如庄子？只因庄子是一个生活淡泊、精神愉悦、逍遥自在的人。从庄子的《逍遥游》一文即可以看得出来，他的生活何其逍遥自在！两者之间的差异，在于执著“闻学”与“闻学知行”不同。

“有心”还要“用心”

我们的日常生活，应该可以很逍遥而无烦恼，可是为什么人人都有层层叠叠的烦恼呢？因为看人家的脸色即生起烦恼，听人家的口气也起烦恼；其实，人家根本无意让我们烦恼，自己却偏偏要把它记挂于心，才会产生种种烦恼。如果常常牵挂外境，每次遇到障碍就认为“他人是冲着我而来、故意要为难我”，那么，这个“我”的生活就太痛苦了！

“学”，要学得化烦恼为智慧、化有心为用心；想到要多学只是“有心”而已，并非真正用心。

庄子时时刻刻都在用心，所以他学得很透彻，能把所学的一切化为他的生活、思想、文化；“学”的深度，便在这里。日常生活中，每一事物都是我们学习的目标；若能学得很自在，也用得很恰当自然，就是深度。

博究勿忘广学

要“博究”，的确不容易。不过，以现在的社会情况而言，却刚好相反；因为现代人，有很多是“博究”但不“广学”。

现代的科学、知识很深奥，大家在求学时，要选定自己感兴趣的科目，而且要专心去攻读。单是“医学”这一门科系，就有许多细目要分。如果选了外科，就得专心研究，时常做解剖的工作，然后才能运用于人体；有了丰富的经验，才能真正走入临床的工作。

而外科又细分很多科，如一般外科、胸腔外科，还有整形外科、脑神经外科……一般外科门诊若来了一位头部受伤的人，医师可能不敢接诊，因为头部受伤是属于脑神经外科处理的范围；虽然他们研究得很专精，但却不广泛，所以和“广学”正好相反。过去的人什么都学，但是每一样都学得不彻底;而现代医生所学的知识,则必定要一门专精。

人生就是这么难于完美,普通人每一样都想学,却没有一样能彻底的学好;而对于专业的人,他所学的知识很专精,但是又隔行如隔山,这实在也是一种缺憾。

所以,现代人应该“广学”,而且也要能“博究”,才能知己知彼。就像知道自己的脾气,也要知道别人的脾气,不能说:“我的脾气本来就这样嘛!”就要人家都顺着你,那是不可能的。我们要先去了解别人的性情,当对方生气的时候,就少说两句;等他气消了,再和他讲理。若能这样,待人处事就会很圆满,也才是“广学博究”的心态啊!

希望人人学习时,要打开心门——了解自己,也了解别人。

触事无心·时刻自在

珍惜单纯的生活

人生本来可以在很单纯、逍遥自在的情况下生活，可是凡夫无明一生起，就会把最简单、轻安、逍遥的生活复杂化，因而产生种种烦恼和痛苦。

“天下本无事，庸人自扰之”，这句话人人都会说，但是偏偏在生活中尽和一些人事起冲突。时间分秒不停地流逝，而我们的心却常记挂着以往的人我是非，在脑海中不停地打转，这就是烦恼的凡夫心。所以，佛陀说：“触事无心难。”

许多人总是在烦恼中度日，为什么？因为以曲折之心去比较，对人事起了分别心。比如工作上计较自己做得多、别人做得少，这是“骄慢心”；或者认为别人做得多，没什么了不起，自己做得少也不觉得惭愧，这是“卑劣慢”。不管是骄慢或是卑劣慢的心态，都是烦恼。

人生应该要“随分随力”，有多少力量就做多少事；能够如此，才不会在人我是非中，触事而生烦恼。

无比较心即得安乐

在《庄子》这本书中，有这样一个故事——在北海，有一条活了几千年、身长好几里的大鱼。有一天，海上忽然刮起一阵大旋风，这条大鱼顺着旋风竟变成一只大鹏鸟。大鹏鸟的身长也有好几里长，它乘风振翅一冲，便能飞腾到九千里外的高空；从北海飞到南海，它只需花半年的时间。

在这半年的时间当中，它不停地飞啊飞！从高空往下一望，可以看到白云朵朵，有如万马行空一样；抬头往上看，则是一片无边无际、灰茫茫的天空。除此之外，一无他物。经过六个月的飞行，它终于到达了南海。

那时，地面上有只小麻雀看到了大鹏鸟，心想：飞得那么高，何必呢？纵有那么大的身体，要到达南海还不是得不断地辛苦飞行？像我身体小巧玲珑，飞行的时候可以轻轻松松地，只要一枝小小的枝丫，就可以作为栖身之地；累了，还可以到地面走走。如果想飞高一点又飞不上去时，就干脆停落到草地上，像这样也很逍遥啊！大鹏鸟也没什么了不起呀！

这是一则寓言，至于是不是真的有只大鹏鸟并不重要；重要的是，小麻雀存着和大鹏鸟比较的心。是否小麻雀真的比较逍遥自由呢？其实，这只小麻雀是因为自己的体型、力量太小，无法像大鹏鸟一飞冲天，就自我安慰地说：自己能够在树梢上飞行，比较逍遥；又批评大鹏鸟，何必多此一举飞得那么高？这也正是酸葡萄——卑劣慢的心理在作祟。

事实上,大鹏鸟的体型庞大,两翅张开便有几里长。它若不冲向高空,如何飞行?如何生活?而且有那么大的身体,便有极大的力气,自然能飞得高,并不是刻意的卖弄才华。

而小麻雀虽然小巧,但是小巧有小巧的好处。因此,小麻雀无须和大鹏鸟比较,大鹏鸟当然也不必羡慕小麻雀的逍遥自在。

单纯心把握当下

在日常生活中,凡事要量力而为;事过境迁就让它过去,不要老是记挂着那些烦恼的往事。过去的事再去想它,便是杂乱心,就是烦恼;忽略现在而寄望未来,则是妄想心。何不好好把握当下的这秒钟,在当下把一句话讲好、把一件事情做好。

我们走路时，虽然是踏地而行，但是脚底永远不会黏在大地上，而是"踏前脚，抬后脚"，这样才能向前迈进。原本单纯的生活，何必一定要"触事生心"把它复杂化了呢？

"触事无心"虽然难，只要我们能回归自己的本性，是难亦不难。不要把单纯的事情复杂化；若能把复杂事单纯化，生活自然轻安快乐。

万事万物皆可师

我们学佛若能拨开成见,则万事万物无不是佛法。古德云:“大道无言说。”所谓“言语道断”,是指“道”绝对不是用言语所能表达的;但是我们若用很单纯的心、很纯真的意去行动,则无一不是佛法。

佛陀又说:“会善知识难。”离是非恶友的确很难,然而要和善知识相会更加困难。什么叫“善知识”?就是能启发你的良知和智慧的人。在你陷于烦恼之际,他可以开导你、解除你的心结,使你从凡夫黑暗的一面,转向圣人光明的境界。

然而在这世间,能劝导化解、圆融人我是非,并降伏我们的烦恼的善知识何在呢?设若因缘具足遇到一位善知识，但是自己却无法断除成见，那么即使再好的人出现在我们面前，还是无法吸收他的知识与教化。所以说，“成见若迷茫，则法界善知识难逢”。

人人若能将成见去除，则善知识所说的话就能解除人我是非的烦恼。修行就是要保持天真的本性，如有“妄念”就是不真实、有迷情。有些人说话的用意很好，但是听者若用妄见的是非心或烦恼心去承受，就容易扭曲了对方的好意，以是为非。

虽然别人说的是真话，但是听的人还是会起疑心，怀疑他对自己有偏见；或者看到他人在交谈时，就以为他们是在谈论自己的是非，在毁谤、中伤自己。这是自我产生的是非心，也是妄见与痴迷的情结；若不去除妄见，则面对再好的佛法，自己也无法接受。

孔子说过：“三人行，必有我师焉；择其善者而从之，其不善者而改之。”这也是在提醒我们，要随时把周围的人当作善知识看待。好的人，他所展现的人格典范必定充满光明、希望，让人欢喜、赞叹，当然是我们学习的对象。而坏的人，因为表现出不好的行为，让我们明显地比较是非对错，而能生出自我警惕的省思。因此，他对我们仍有教化之功，所以说："三人行必有我师。"

修行，必定要回归纯真的本性。我们要以宽阔的心胸来看待所有的人，时时缩小自己、护佐他人，以不断学习的心态去接受一切顺逆境遇；若能如此，则世间一切万物形态，哪一个不是我们的善知识呢？何者不能引导我们见道得法呢？只要大家能用纯真、正直的心去面对各种境界，必定能有所领会——普天之下，万事万物、人人都是你我学习的好对象啊！

不言是非·道在口中

在日常生活中，有两种表达彼此感受的方式，那就是“声”与“色”。“声”是指言语声音，“色”是表现于外的举动形态。言行举止能让人起欢喜心，表示这个人的修养好；相反的，若让人不高兴，则表示这个人的修养还不够好。

以谈话为例，我们要把音量控制得宜，以彼此的距离来衡量音量的大小，通常以让对方正好听得清楚为最恰当。若声音太小，使听者无法听清楚，这是不尊重；如果彼此相距不远，可是你说话的声音太大，不只是无礼，也会吵到别人，这就是没有修养。想想，连讲话的音量控制都有这么多学问，何况是其他的动作习气呢？

人们常会随着自己的好恶之心待人。若对某人有好感便赞叹他,即使对方有缺点也会帮着掩饰,只说好的一面;若对某人没有好感,那么即使对方再有才干,也可能视如不见。若是知道对方有一点点缺失,就紧抓住这个机会毁谤他。随着欢喜或厌嫌所表现于外的言谈,就是所谓的"口业"。口舌是传达人们思想心念的关卡,一般人的开口动舌,大都是在谈论是非,不可不慎!

《四十二章经》中提到:"人有二十难",其中有"不说是非难"。凡夫不谈是便说非,要人们不说是非实在很难! 佛陀又说:"大道无言说。"真正的道理,是无法用言语诠释的。就如我平时说给大众听的道理,是不是最正确的呢? 若想想这句话——"大道无言说",那么我平时所讲的也不是最究竟的呀! 不过,有很多事情还是必须用语言来表达;如果没有语言的沟通,如何传达彼此的感情呢? 修行就是要修到言谈之间,能使每个人"气能和、心能定";达到这样的境界,才是真正的学道。

《庄子》一书中，有记载一则小故事：有一位名为“泰清”的人，去访问“无穷”。无穷是位有道之士，泰清问他：“听说您道行高深，上知天文、下彻地理，请问何谓天之大道？”无穷回答：“我不知道。”

泰清大失所望，辗转向另一位得道者“无为”请教：“天之大道，你是否了解？”无为回答：“可贵可贱，可大可小谓之‘道’。”泰清听了并不满意。

于是，他又再去找一位叫“无始”的人。泰清详述自己的访道过程后，便问无始：“他们一个说‘不知’，一个说‘知’，到底哪一个才对？”无始回答：“知即不知。知是浅显的道，不知是深远的道。真正的道，不是用言语所能宣说的；天地宇宙的真理，实在无法说尽，能说的只是其中的一点点范围而已。”

由此可见，有道者对听和说并不刻意去表现，他无所求，因为并不是光靠声音言说就能道断一切。平时讲话若无法传达很透彻的道理，不如不讲的好。

人与人之间的言谈交流要格外小心,注意自己对人是否有平等心;如果心有所偏,往往好的会被说成坏的,坏的则被说成好的;这种偏见之言,会导致别人对被批评的人产生误解。所以,我们对人的看法要很公平,不可随着自己的好恶来议论。

此外,如果是自己所不知的,却偏要说知道,那就是不量己智。这样不但会让人嘲笑,而且常会说错话。在日常生活中,凡事要多用心,不要以为开口动舌很简单,心想:我又不是骂人,随便说说有什么关系呢?有关系,因为道在口中!

佛陀在“人有二十难”中说:“不说是非难。”如何把此“难”转为“不难”,端看我们个人的用心了。

被辱不瞋是真功夫

人在生气的时候，常会说："这口气我忍不下！"为什么忍不下呢？因为"我被人欺负了，人家占我便宜！"或"他不讲道理！"……大多是这些问题让人忍不下这口气。

气，由贪、瞋、痴来

"气"由何而来？由"贪、瞋、痴"而来。日常生活中离不开这三毒之念，这就是人的心病。

有了贪、瞋、痴，会使家庭中的每一分子不能相互忍让；社会也是因为人有"瞋"念，而互相计较、斗争。本来人生应该是很美好的,就是因为人有贪、瞋、痴三项心理病态,所以被人家占了点便宜就忍不下来。

佛陀之所以能成佛,就是在群体中能忍别人所不能忍的侮辱和攻击,做人家所做不到的艰难之事。

慈悲心调伏狂象

当年在佛陀的僧团中,有一位提婆达多比丘,是佛陀的堂弟。他存有野心,想要统领僧团,因此和阿阇世王勾结,二人互通计谋。

提婆达多得知佛陀的大弟子们带着僧众离开佛陀而分散各地时,便向阿阇世王说:"现在城里只留下佛陀、阿难以及五百僧众,我们可以趁着人少的机会消灭他们。"

提婆达多便建议阿阇世王,明天请佛陀入宫接受供养;他自己则计划用酒灌醉五百只大象,等佛陀走到半途时，把醉象放出使其狂奔，企图利用醉象去践踏佛陀及僧众。

象不但力气很大，被灌醉后更会发狂而到处攻击人畜，极为危险。他们决定了计谋之后，阿阇世王第二天就依计行事，请佛陀来受供。

佛陀虽然知道他们的计谋，仍然欢喜地接受供养。隔天，佛陀依约和阿难率领五百僧众向王宫前进。到了半路，一群疯狂的大象冲出来，所有的民众都惊慌走避。但是，佛陀、阿难和僧众却安立不动。

奇怪地，这群原本疯狂怒奔的大象到了佛陀及僧众的跟前时，竟然都安静了下来；而且，每只大象都温顺驯服地跪下来。佛陀露出安详的笑容，摸一摸大象，然后穿过象群，走入王宫。

阿阇世王看到这幕景象，心里很吃惊！他发觉佛陀不只具有调伏人群的威德，即便是狂醉的象群，他都能驯服。此时，他内心起了敬畏之意，于是恭敬地供养佛陀。

佛陀对这件人为的“意外”不但不怨、不怒，接受供养后，还真诚地祝福阿阇世王。

这即是佛陀的忍德。

慈悲宽谅，化解瞋恨

普通人受到他人一点欺侮时，便想力争到底，而佛陀却是“被辱不瞋”；甚至到了被人加害生命的地步，仍能毫不动气，不把侮辱放在心上。由此可知，佛陀的心境已净如明镜，不起瞋恨等心念，心中经常存着无量的爱心。

爱、慈悲、宽谅，可以取代瞋恨之心；一个人若有爱心、慈悲宽容的心，怎会产生瞋怒？既能消除瞋怒，又怎会有人我是非？

多数的人都会钻牛角尖，本来人家并没有不敬之念，也没有对不起我们的地方，如果一直要往坏的方面猜疑，那是一件非常痛苦的事。

气柔心细，不战而胜

周朝时，有一位专门养斗鸡的纪渻子。"斗鸡"，顾名思义，是好斗成性的鸡。当两只鸡对立时，一只稍微一动，另一只就会立即反应，于是两只鸡就冲突起来，彼此攻击。有时斗得鲜血淋漓、遍体鳞伤，它们还是不肯罢休；到最后通常是两败俱伤，甚至必须有一方死亡。

周宣王很喜欢看斗鸡，这位纪渻子专门为他饲养斗鸡。有一天，有人从外面买来一只很强壮的斗鸡，周宣王高兴地把它交给纪渻子。过了几天，周宣王就问道："几天前买回来的斗鸡，你把它训练得怎样了？可以上场比斗了吗？"

纪渻子说："还不可以。因为这只鸡血气方刚、斗志高昂，还不宜上场。”

再过几天，周宣王又问同样的问题，纪渻子的回答仍是：“还不能上场。因为它一看到其他鸡的影子，就会冲动。”

又过了多天，周宣王再问，这次纪渻子说：“可以了。因为它看到其他的斗鸡或听到它们的声音时，一动也不动；它的心已不受外物所动，就像一只‘木鸡’般，所以可以上场了。”

后来，这只斗鸡果然一上场就稳稳地站立，即使其他鸡对它百般挑衅，它还是像只‘木鸡’一样如如不动。它只以眼睛注视着对方，对方就会产生莫测高深的畏惧，而不敢向前攻击。连禽兽都有这种“不斗而胜”的心理战术，何况是人类呢？

所以，我们一定要有这分不瞋的涵养，不要动不动就心浮气躁，以为别人都在与我们作对；而是要以宽容的心待人，不要有“我如果不跟他斗斗看，他还以为我很傻”的想法。

有句话说:“大智若愚。”不要怕被人家笑傻,要担心的是人家说我们太聪明;因为太聪明就是狡猾,不是好听的话。如果人家说:“他怎么那么傻,任人家欺负,一点也不在乎!”事实上,如果我们能做到“被辱不瞋”,才是真功夫。

能

曾经有人问我:“师父,你看目前的社会能够很和睦、很平静吗?”我都会告诉他们:“能,一定能。”

也有人问我:“师父,人生在世,能不断地提升人生的幸福吗?”我也同样回答:“能,一定能。”

“能”字的意义很广泛,我们来谈谈其中三项——“本能”、“功能”以及“良能”在人生中的意义。

本能,是与生俱来的。人一出生、离开母体后,就会哭、会睡、也会吃,这就是本能——肚子饿了会吃,吃饱了会睡,这是与自己生存息息相关的“本能”。

人生的“功能”,可以说是学识的发挥。譬如会教书的人不一定会种田,会种田的人不一定懂工业,而懂工业的人也不一定会做生意。因为这些都要靠专业知识，必须经由不断地努力学习才能获得。结合各行各业的人士，才能成为一个健全的社会。

功能主要是为了谋生，其目的是为了应付生活的需要。所以，有好的一面，也有不好的一面。举例来说，“电”有照明的功能，但是误触却有致命的危险；双手万能，为善为恶也正是这双手。有些人为了要学得谋生的功能而互相竞争，往往走上偏路造成破坏，这种功能是一种破坏性的功能。

“良能”则是功能层次的提升，是清净无所求的，是建设性的，也是升华的。

要如何才能升华人格，发挥良能？佛教有句话：“量周沙界。”心量宽广，可以周遍沙界。我们应该努力学习这种精神，打开心胸，容纳、关爱普天下的众生。

真正的大爱，是没有分别心，无分亲疏远近，视普天下的众生与我一体而发出的平等爱心。人生有爱才会幸福,人生有爱才能祥和,人生有爱才会快乐。

人生的幸福、祥和与快乐,是人人追求的。社会是大家的,如果每个人都能反观自性,发挥清净无求的良能来关爱社会,我们的社会必定祥和、安定,生活又怎会不幸福呢?

所以,爱能改造人生,爱才是人生真正的幸福。大爱需要大众的力量来共同完成,若人人都能以诚恳的爱心启发良知、发挥良能,则天下绝对没有难以成就的事,绝对是“能”的。

没有分别的爱

佛教徒多数会念佛，但却不一定都能了解“南无阿弥陀佛”这六字洪名的真义。

凡夫心有如野马、猿猴，因为没有任何依靠、目标，所以容易有妄想杂念；有了妄想杂念，行动往往会有错误，有时一念之差、一步之错就造成终身的遗憾。

学佛的人，心要有依靠，就要经常系念“南无阿弥陀佛”。“南无”是依靠、归命之意，将凡夫心归向于圣人的清净境界；时时刻刻以归依为念，可以返妄归真，所以要常念佛。

但是，念佛不光在口头上念，更要念佛的心，使佛心成为我们的心，将凡夫心换成佛心。人人的念心如有佛心，则时时刻刻看到的境界，都会是美好、祥和的境界——彼此相互扶持，处处充满了爱。

看看外面的草木，随着岁月季节彼此循环相让。春天来了，大地草木就生长出茂盛的花叶；如夏天，就换成夏季的花朵盛开；秋冬也是一样。四季之间，连草木都能更替如仪，在该茂盛时茂盛，该落叶时就叶落纷纷。我们如果用心，就能体会这种无声的说法。

树木的茂盛与凋零，就像人生的过程，可以启悟人生无常多变的真理。心静时，则一草一木无不是清净之境，无不是美好的世界。所以，要时时刻刻将心守于专一、无欲无争，多为人群奉献自己的力量。若能如此，就是最美好的人生。

对人生奉献的大小，不在于年龄。有时童子的清净之心，反能无分别地奉献爱心，让人觉得纯真可爱。台中有两位小朋友，从小就常被委员妈妈带来见我，所以兄弟俩对于慈济的一切非常清楚。他们为了响应我所呼吁的大陆赈灾，小小年纪竟然拿出大毅力，和母亲约法三章："一年内不吃糖果，请妈妈代捐一万元给师公救人。"

然而，有一位教授和我见面时，特地问起："你为什么要去救大陆的水灾？"他讲了许多理由反对我去救灾。我告诉他，台湾的贫病者，只要我们知道的，都会尽力照顾；而且，我们的社会较富足，人情温暖，公家机关也设有社会服务机构，还有其他慈善机构会关心贫病者。而大陆乡村偏僻地方的人民，还有一些过着穷困的生活；他们自顾不暇，哪有能力去照顾别人？

再说，大陆地面辽阔，即使有爱心的人士想济助贫困的人，也不知如何察访？因缘俱缺，他们真的很缺乏获得济助的因缘。我们生活富足，若能把不致影响生活的力量奉献出来，将这股爱的力量汇集起来，到那里就能为二十多个乡镇的灾民盖间简单的房子，帮他们复耕、重建家园。

我解释了好久,那位教授还是不能打开心结。学识渊博的学者反对我救灾,而五岁、七岁的孩童却各拿一万元来救灾,这其中的差异,只因为在稚子单纯的心念中,“爱是没有分别的”——救援没饭吃、没衣穿、没得住的人,是很自然的事啊!

学佛,要学得真正的“慈悲喜舍”;佛陀不忍众生受苦,学佛者也应如此。

心无餍足·惟得多求

凡夫心,常常是无餍足的。财产多,还要更多;权势大,还要更大;既有娇妻,还想要有美妾;先生好,还希望他百依百顺;孩子乖,还想要他样样得第一,以光耀门楣……这种多欲多求的生活,实在是苦不堪言!尤其易生犯罪心理,构成罪恶行为。

在我们周围的人群中,常听到某人为了追求某种利益(欲),以致落得潦倒落魄的地步。这些悲惨的经验,正是无穷尽追求利欲的下场。

人,总是为了追求名利、权势而劳碌终生;对于情爱贪求不厌,每于私情欲爱缠绵不休中,万般痛苦不能解脱!

几年前,曾有一位太太来找我。她的先生是知名的企业家,对她百依百顺。以世俗人的眼光来看,她可以说是幸福中的幸福人。但是,她仍觉得很苦;看到我时,哭得很伤心!

我问她:“你还有什么不满意呢?”

她说:“师父,他对我感情不专,使我痛苦、不满。”

我问她:“到底你要追求多少感情才能满意呢? 不要太强求,感情如同一个球,愈硬碰,它跳得愈高愈远。”

她问我:“那要如何解决呢?”

我告诉她:“放宽尺度。你爱的范围太狭窄了,犹如把感情当一条绳子,缚(管)得他对你产生敬而远之的心理,才使你那么痛苦。你应该以柔和的感情来宽容他的一切,不要以占有欲、威力加诸在感情上面;否则先生表面又顺又爱,内心却是又烦又畏,也就难怪他会有欺骗你的行为。你若能把爱扩大到去爱他所爱的人,他一定会感谢你,同时也会更珍惜这分感情中的恩情,因为你所给予他的爱是那么的自在。人的感情就像一座烘炉，只要你多给他宽大的爱、满足他的感情，再冷再硬的心也会被它熔化……”

这位为情所苦的太太，后来果真做到“去爱他所爱的那些人”。夫妻的感情如此，父母子女的感情也是如此。

芸芸众生，本来可以相处自在，过着感情和乐的安定生活，但只差在“心无餍足，惟得多求”；为了多求，难免生起烦恼、增长罪恶。因此，佛陀常教诫弟子：切莫求无餍足，为欲所苦，再造恶业。

宁愿无信·也莫迷信

人不能没有信仰。一个人若没有信仰,就好像一艘在茫茫大海中漂流的舟船,没有指南针,不知何去何从?在风平浪静时,还觉得平安无事;一旦遇到狂风暴雨,没有指南针指示方向,分不清东西南北时,就会惊惧惶恐,不知所措。

所以,我们在茫茫人海中,一定要有一个正确的信仰;如此,即使突然遇到危险或坎坷的环境时,仍能稳固地掌握人生之舵,平安地度过各种惊涛骇浪。

因此,信仰是非常重要的。但同样是信仰,却有不同的目标。现在的社会,人心非常复杂,有许多迷惑人的教团。我们若不能选择事理究竟圆满的信仰,也一样会迷失，无法走出邪道，趋向光明正大的康庄大道。

我常常说，“无信”与“迷信”两者，宁愿“无信”也不要“迷信”。无信之人，心中对世界一片空白、全无概念，只要用理事圆融的道理来感化他，就能使他依正道而行；就像一张洁净的白纸一样，写上端正的字体，则字字分明、清晰可见。若是迷信之人，他已经误入迷途，即使以正信去教育，他的心仍会迷惑不清、徘徊不定。

当今出现许多非正信的宗教，亦即是没有究竟教法的新教团。若有人想要入教，就必须立愿发誓，例如说：“我既然入教，就必须遵守教规，否则会遭……责罚”等各种毒誓。如此，他的心就会受到束缚。尽管后来他知道自己的信仰并非真正究竟的宗教，而且已了解佛教的教法是透彻、明朗的真理，是人生正确的方向；但是，他却因畏惧邪教毒誓而不敢接近佛教。这是因为他的内心已经被迷信所缚，无法自在解脱。

所以，我才常常说，与其迷信不如无信。无信之人接受了佛教的教理之后，自然会萌发正念的道苗；而迷信之人，若要他转迷入正，则必须再花费一番功夫。因此，我们一定要谨慎地选择自己的信仰，不可因一念之迷而步步皆错。

有一对夫妻，年轻有为，是台湾新生代的企业家。这对夫妻问我说，他们想入佛门，但不知入佛门的初步基础。我告诉他们："你们若想入佛门，首先在心灵上要有正确的了解。佛教是生活化的宗教，它能净化我们的精神和心灵，并教导我们如何预防心中存有自私不净的欲念。而这必须先从个人的修养做起，进而感化自己的家庭，使社会和睦安详；若能做到这些，就已经进入佛门的初机阶段了。"

许多人都误以为佛法深奥难懂，而不敢去亲近。其实，佛教的深奥是后世人为的，并非佛教本身的教理有多么艰涩。佛陀在世时，也是依照日常生活行为所需的准则，以及待人接物的道理为基础来教导弟子。但是，为什么后人会觉得佛法很深奥呢？这是因为它源远流长，经年累月下来，由于人们对其尊仰、崇敬，难免有各种精深的描述。

如此代代相传，无非要使众生了解佛法是无上的妙法、是高深的道理，然后众生才会加以珍惜而保存下来。这只不过是为了适应世人的心理，所以学者、专家才会费尽心思，将浅易的道理化为深奥的文字。若往上推溯到佛陀的时代，佛法并不是那么深奥，而是真正平易近人、浅显易懂的教育，亦是我们日常生活中做人的道理而已。

因此，我们若能抱持"佛教是日常生活的教育、提升心灵的妙法"的心念，则进入佛门之后，自然能得知佛教的真正义理。

知足感恩保安康

我们生于世间,最苦的莫过于心有不足,而不满足的心大都由比较而起。其实,天高地厚,人上有人,天外有天,人与人比较,永远不会有绝对满意之时。

较量之心,永无休止

传说古代山中有一种怪兽——夔,它只有一只脚。有一天,它遇到在地上爬行的蜈蚣,就以自己的情况和蜈蚣比较,说:“我天生只有一只脚,用单脚走路,一方面我很羡慕你,另一方面也替你担心。你有那么多脚,走起路来会不会有障碍?”

多足的蜈蚣说："虽然你只有一只脚，但走路也还自在；我有这么多只脚，也是顺着自然，所以走起路来不会有障碍！"

蜈蚣又和蛇比较："我用这么多只脚走路，而你虽然没有脚，可是跑起来却矫捷迅速！"言下之意非常羡慕蛇。蛇回答："我不过是顺着自然，用脊骨的力量配合腰身的摆动，游走于地上罢了！"

蛇又对风说："我虽无足，但还能爬行无碍；可是你无形无色，能从北到南、速度飞快地到达，真是令人欣羡啊！"风回答："我的速度虽快，却比不上人的眼睛。人的眼睛一瞬间就能看清极远的景物，我却不能。"

眼睛对风说："虽然我一眨眼就可以看到极远的地方，可是却比不上心的辽阔迅速。"一只脚的羡慕多脚的，多脚的又和无脚的比较，无脚的又和无形无色的风比较，无形无色的风反而又欣羡有形有色之物。像这样无穷尽的比下去，多痛苦啊！

总之，一切比较都是由心而起。欢喜由心，苦恼由心；幸福由心创造，烦恼也是由心创造。

行有余力，最是幸福

什么是幸福的人生呢？能知足、不向外比的人最幸福。像慈济医院的志工，每天早上抱着愉快的心情去医院为苦难的众生服务，这表示他们的身体很健康、强壮。因为行有余力才能为病患服务，而"行有余力"的心最能让人满足。

现在的社会真的生病了，病在人的心态有所偏差。我曾经听过一则不幸的个案：有一位年轻人，因为不满现实又满怀好奇心，因而吸食安非他命；吸食之后，精神变得恍恍惚惚。在一次药性发作时，他竟然把自己的眼球挖出来。被人发现时，一个眼球已完全挖出，另一眼也受了伤。经送医后，虽然医生马上为他做了紧急的处理，但是因为伤及视神经，所以视力变得非常微弱，这真是不智的人生。

年纪轻轻的，就有不健康的心态，他不满现实，而不满起于多比较；又因好奇而吸食安非他命，想借着药物的效力满足自己的幻想，才会造成个人和家庭的不幸。

一切唯心造。有健康的心态，才能有美满的人生；而健康的心态，来自感恩和知足。因此，人人如能时时培养感恩、知足的心，彼此尊重、互相信任，社会自然无病，世间也必能呈现一片美善、祥和的风貌。

心存敬重·不轻未学

人通常自命不凡,也因为自以为不平凡,所以常会轻视他人。佛陀说:“能够不轻视未学的人很难。”因为凡俗之人稍有名气,就或多或少有贡高骄傲的心。

自命不凡造成社会不安

看看现在的社会情势,令人多么不安!因为社会有太多自认不凡的人,他们认为自己高人一等,因而引起一些同样不肯屈服、认输的反对者出来抗争,所以叫喊示威的声音就愈叫愈大了。结果,让人觉得社会充斥一股暴戾之气,人心也跟着烦躁不安。

社会不安定的原因,就是自以为不凡的心态在作祟,大家充满了自大我慢之心。其实,现在的社会倒是很需要平凡的人。大家若自认平凡,自然声色柔和,互相谦虚礼让、彼此敬重;如此,社会不就平和、安详了吗?

健全的社会,需要人人抱持平常心。平凡,才能身心安稳;平凡,才会自在快乐;平凡,我们才会彼此互相敬重。如果我们能互相敬重,心态自能安定,生活品质也就能提高。人生所要追求的应是这种互敬礼让的生活,这才是美丽安和的人生!

但是,“我慢心”实在很难去除。一个人要将几十年的习气去除,必定要下一番功夫。所以,佛陀才说:“除灭我慢难。”正因为难,所以要下一番苦功,把人生之难化为不难!

未学并不表示学不会

很多人不只我慢，还时常会轻慢他人，自以为比别人能干，学问也比别人好，而主管却让他做那么卑微的小事，于是他的心常常不能平衡；而且这种习气还根深柢固，若看到别人能力稍差，自然容易起轻慢之心。

自以为博学多闻的人，要他不轻视未学之人确实很难。其实，世间没有天生就是博学者，博学也需要靠时间的累积及环境的培养；而未学的人，也并不表示他永远都学不会，只是还未开始学习罢了。所以，我们要常常抱着敬重他人之心，不可轻视未学的人。

黄帝也不敢轻视牧童

古时候，黄帝有一次带着六名随从到具茨山看大隗,不料却在途中迷路了。正当不知该何去何从之际,巧遇一位牧童,黄帝便趋前问道:“你知道具茨山要往哪个方向走吗?”牧童说:“知道啊!”随即指引他们方向。

黄帝又问:“那你知道大隗住在哪里吗?”他说:“知道啊!”黄帝吃了一惊,对他说:“看你年纪这么小,但是好像很多事你都懂得不少啊!”接着便问他:“你知道如何治国平天下吗?”他说:“知道,就像我放牧的方法一样。只要把马的野性去除了,那一切就平定了呀!治理天下不也是一样吗?”

黄帝听了非常佩服,真是后生可畏!原以为牧童年幼,可能什么都不懂;没想到他从日常生活学来的道理,就能理解平天下、统治人群的方法。所以说,我们在日常生活中,对人对事都不可轻视。

佛陀说:“不轻未学难。”一般人的潜意识中,常有轻视他人的心态。所以,能够完全做到不轻视他人,是一件很困难的事。我们既然有心自我修持,不但不能以此为难，还要好好尊重别人、调伏自我。见到人要有尊重之心，不只对老人要敬重，就是年幼的孩子也不能轻视，因为他们将来会成为国家社会的栋梁。

在日常生活中，我们若能时时刻刻存着这分敬重之心，则“敬人者人恒敬之，爱人者人恒爱之”。

勇于面对困境

人，生活在这堪忍的世间，常常互相对立、彼此怨恨，导致怨憎会苦。原本很祥和的团体，因为人性有不愿成就他人之美、不肯忍耐等种种弱点，致使暴力、怨气充斥其间。

圣人之勇

《庄子》中记载，孔子在世时，当时鲁国有一位无恶不做的人——阳虎。他专门欺压良善，因此人皆恨之。很巧，孔子的长相和他极为相似。有一天，孔子周游列国来到卫国某乡村时，村人把孔子误认为阳虎，因此全村的人就把孔子师徒团团围住。在一段不算短的时间内,孔子与学生们均得不到粮食的补给,几乎到了断绝水谷的程度。

学生们都非常着急,因为再等下去不是病死也会饿死。但是,孔子始终安然自在,依旧天天为学生讲学。尽管学生很不安,他还是镇定如常。

有一天,子路忍不住问孔子:"老师,我们现在面临极大的危机,但是您为什么一点也不动摇?"孔子回答:"一个敢入水的人到水中,他就不怕蛟龙,这是渔夫之勇;一个人若敢进入深山,他就不怕老虎,这是猎人之勇;若有人志愿上战场,他就不怕刀枪,这叫军人之勇。"由此可见孔子安然勇毅的心态。

人生本来就坎坷,但是若能认命、知足,知道贫贱富贵皆由天,一旦遇到困苦、坎坷之事时,也就能泰然面对。人若能遇到危机而不恐惧,处处尽本分、尽自己的功能,其他则听天由命安排、不卑不亢,这就是圣人之勇，也是真正的勇敢。

面对社会的现实情况，能安然处之，这也是一种勇敢的表现。每个人来到人间，各有各的业力，既来之则安之；虽有正报、依报的业缘，但是来到人间就应该面对现实，并且妥善处理一切境遇。

静而能安

前些时候，有一群教育界人士前来精舍。他们向我提出许多问题，其中一项是："您对社会的观感如何？"我说："心静自然安。不管现在社会如何动荡，每个人若能把心静一静，怎会不安定呢？"毕竟，此地还有许多默默行善的人；不要因为少数人的叫喊、争吵而惶惶不安，更不可盲目跟从叫喊，导致整个社会动荡不安，这是身为现代国民应有的观念。

人人要勇于面对此时此刻的环境，并且尽量发挥自己的功能，使我们的社会更祥和、更进步！所以，社会祥和与否，决定在我们是否有“既来之则安之”的勇毅心态。

做人应具备宽大的心量，将佛陀教育我们的“四无量心”——慈无量、悲无量、喜无量、舍无量，应用于日常生活中。待人接物若能处处宽容，心自然不会有压迫感，更不会有彼此对立的现象。

现代社会，就是缺乏这四无量心；若能将“慈悲喜舍”建立在人人心中，我们的社会就会很祥和。

真诚的力量

自从去年(公元一九九一年)十月中旬以来,经过不断地努力沟通,慈济赈灾团数次往返安徽全椒、江苏兴化等洪涝灾区,先后完成物资发放——给予灾胞们金钱和御寒衣物,并且为他们所建的房屋破土奠基。如今,全椒县和兴化市已分别完成"慈济村"的民宅。想到不久后,受灾的同胞将能在新家迎接平安、温暖的新年,就令人感到身心轻安、欢喜无限。

古人云:"一勤天下无难事。"只要真正发挥善心、勇敢去做,世间没有不能顺利完成的事。人人都有爱心、善念,只要加以启发,大家自然能够布施行善;而点滴力量的累积,就可以聚沙成塔,成就美事。所以,面对任何该做的事,即使艰困不易,我们也一定要有信心、勇气去推动。

若是想:“目标那么远大,我能做得到吗?”还没动手做就先没了信心,这样怎能成事?或是认为:“兹事体大,我一个人的力量微小,能有什么影响?多一个我或少一个我,也差不了多少啊!”如此一来,任何事情都做不了,这是没有勇气的借口!

想要走远路,一定要有信心和勇气;面对烦杂的事能挺身而出,也要靠勇气和毅力,而勇气和毅力则出自于内心的真诚。

春秋时代,卫灵公命令大臣北宫奢铸造一座大铜钟。一座好的铜钟,必定要用七宝合成,敲出来的声音才会悠远、宏亮。制作铜钟的成本很高,但是楚王并没有拨经费给北宫奢,希望他自行劝募经费,北宫奢只好依命行事。于是,他在城外立了一座祭坛,并贴出告示,让大家知道经费需要多少,请民众随喜响应。

三个月后，钟架建好了，铸造铜钟的款项也陆续进来。当时，北宫奢的好友王子庆很替他担忧，深怕他因铸钟的经费不足，无法完成王命。可是，现在钟架竟然做好了，而且铜钟的款项也陆续募得。

王子庆内心深感奇怪，便问北宫奢："你用什么方法劝募？怎么有这种大本领?"北宫奢很诚恳地回答："我在城外筑坛、贴告示后，就一心一意准备造钟制图。有人来时，不管乐捐是多或少，或者来了没有乐捐，我都同样感恩！我不会计较、追究对方为何不肯捐献，只是全心朝既定的目标认真去做，让大家欢喜捐助。在没有影响人民生活的情况下，点点滴滴聚集资金，事情自然能够有所进展。"

这则故事，和慈济的发展状况很类似！慈济人也是以欢喜、感恩心行布施，不管金额是大或小，或者只是口头上的赞叹随喜，我们都非常感谢。像为了大陆赈灾，慈济委员到大街小巷劝募、义卖。不管对方捐或不捐，委员都是露出诚恳的笑容，低头鞠躬向他们说："感谢您！功德无量！"这叫平等心，也是欢喜心。只要有目标、做应该做的事，就能把不可能化为可能。

我一方面替受灾的大陆同胞拥有三新——"新房子、新衣服、新棉被"感到庆幸和欢喜；另一方面，感恩委员们不惜辛劳，提起劝募的勇气和毅力，还有爱心人士的乐捐赞助。布施若无勇气和毅力，是舍不出点滴爱的力量来啊！

还我本来面目

我们常说:“心、佛、众生,三无差别。”这句话说起来很流畅、很顺口,其实往往在这简单易懂的道理上,却无法完全体会其内涵。

我们所知道的平等、天真、自由的本性,只是文字、名相上的解说而已,极少有人能了解到真我的心和佛心很接近。因为很多人虽具有“人形”,却不能发挥人身的功能,只是空有人形而已;若能发挥身体的良能,即与佛心相近。可是,凡夫总是做不到,所以称之为“众生”;而众生与佛的距离就很遥远了。

鸡会啼、狗会叫,但是它们却都无法体会真理的存在,因为畜生道的境界暗钝、愚痴。虽然它们也有天真的本性，却没有被启发和接近真理的因缘，所以离佛的境界非常遥远；而人类的领悟力较强，周围的环境无不是让我们体会、学习和及时反省的因缘境界，这是人接近佛性的最佳机缘。

可惜，很多人却让机会白白流失，放弃领悟本性的机缘，反而学习无实、虚幻的玄理。例如偏向追求神通、感应或福报，这些并非学佛的本意和目的。

学佛，是要把佛法活用，如甘露般洗涤我们的身心，洗去无明和污染心，这就是学佛的本意；把我们平时疏忽的功能再修练，进而发挥净爱的功能于日常生活中，这就是学佛的真正目的。如果只求神通、求感应，这都是错误的观念。

我们所要求的是，现前此刻的心念不要散失、不后悔的那一念心；若能如此，学习佛法才能定心。如果我们常常后悔昨天的错误或刚才讲错的话、做错的事，心老是停留在前念后念中，就无法专注于现前此时的人事物了。

现前的心已不能专，而想求他心通，即易入邪道，那就离佛道愈来愈远了！我们自己的心无法“通”，如何能通他人的心呢？正确的学佛，应该要面对现前的人生。我们要常常反观自己有多少功能？是否已付出这分功能？

我曾说过一个小故事——

某间古寺的前面有一个水池，池里住了很多蟾蜍。这些蟾蜍经常忽而跳入水池，忽而跳上池塘边。有一天，蟾蜍群跳到池塘边时，看到身穿海青的修行人，踏着庄严的脚步，嘴里念着响亮的佛号，心里很羡慕；其中一只蟾蜍，当人家在大殿开始拜佛时，立刻跳到大殿门外非常虔诚地祈祷，希望佛陀能赐给它两足站立的能力，像人类一样可以双脚走路。

由于它很虔诚，感动了一位天神，于是天神就满了它的心愿。它感到既高兴又骄傲，因为所有的蟾蜍都须四脚跳跃而行,只有它能两足站立而行。

有一天,草地上忽然来了一条蛇,很多蟾蜍看到凶恶的大蛇时,都赶紧跳到水池里躲起来。那只两足立行的蟾蜍心里也很害怕,但是两足走路总比不上四足跳跃快;最后,它还是被蛇追到且被一口咬住。当它痛苦地挣扎时,心里非常后悔!它想:“我何苦放弃原本具有的功能?只为了追求两足立行,竟落得亡命于蛇口,真是后悔莫及!”

这虽是一则童话故事,但也可以作为我们最好的警惕。学佛,就是要恢复原本的功能本性;若是超过自己能力范围的事,仍不择手段去追求,终究会失败。有些人到寺院说要学道,却迷于追求神通,因而常会走火入魔,不但乱了精神且断了慧命,这样就太可惜了!

希望大家都能清明照见自己的本性功能,若是无法透彻了悟,则即使面对至道,也很难体会真理。所以,佛陀才有“见性学道难”之叹。其实,纯净的真如慧性和自己最近,然而人们却往往舍近求远;就像我们的眼睛能看清别人，却看不见自己的脸一样。所以，距离最近的事物，反而看不到或被疏忽了。

学佛无非是要我们从最近的地方做起，而最贴近、最简单的方式就是“发挥自己与生俱来的功能”，切莫舍近求远啊！

常行精进·破烦恼恶

何谓精进？精就是“不杂”，进就是“无退”。做任何事，必须专心才做得成；无有二念，才能进步。若要完成功德事业，必须具备四个条件：一是信心，二是精进，三是摄持，四是智慧。

佛陀在世时，因为众生多烦恼、多无明，以致造业。佛陀得道后，为了改正众生观念的偏差，因而四处讲经、教化众生。在经典中，有这么一段故事：

某个时候，佛陀在一村落里，那个村落的东庄与南庄隔着一条河。东庄约有五百户人家，庄内的众生常造恶业，每天总是在吃喝玩乐、安逸懈怠中度过。佛陀心生怜悯，因此行化到东庄欲度化他们。

东庄人听到佛陀要来，心里都很高兴。因为佛陀成道后，即受到全印度人的崇拜与爱戴。所以，东庄人很虔诚地礼敬佛陀，并请佛陀为他们说法。佛陀说法的那几天，东庄人形态上虽表现得很虔诚，但是心理上却无法接受教化。佛陀看在眼里、悲悯在心里，也只能空叹无可奈何。

有一天，从河的对岸南庄来了一个人，全身湿淋淋的走到佛陀的面前虔诚礼拜。那分虔诚、恭敬的行仪，让见闻者都心生感动与无比的信心。

佛陀问他："你是什么人？怎么来的？来此要做什么？"

他恭敬地回答："我是一个愚直的人，住在南庄那边。久闻世尊游化人间，开启人心智慧，除灭众生的愚迷烦恼，所以我虔诚一心要来听受佛陀的教法。一路赶来，途中却横隔着一条河，别人告诉我：河很深，必须渡船才能过；但是当时岸边无船，而我又求法心切，这时有人告诉我:既然你那么急,何不涉水过去?因此,我就涉水而来了。”

佛陀听了非常感动,赞叹地说:“信能渡渊,摄为船师,精进除苦,慧到彼岸。”

信能渡渊,意思是:只要你有信念,即使深渊大河也可以渡过;相反的,若没有信心的话,即使近在咫尺也无法到达。

再说“摄为船师”,摄就是接受。即使没有渡船,但是只要你有信念、肯接受教法,这个法就像是一条船,可以送你到彼岸。“精进”就是离苦,离此岸的苦而得到彼岸的乐;有智慧就可登彼岸。

所以说,信心、精进、摄持、智慧是脱离三界、离开五欲的主要条件。在日常生活中,能看开世间物欲的烦恼,也就能安贫乐道,从凡夫境界升华到圣人的境域。

佛陀说这段话,其实是一语双关。他一方面赞叹那位为求佛法,不惜冒险渡江的南庄人;另一方面,则在鞭策近在咫尺的东庄人。东庄人虽近于佛前，却不起诚敬的信念，也不生希求、受教、持法、精进、智慧的道心。这是因为东庄人的瞋欲心炽盛，所以求道心念不专诚。

道心就是理性。欲念如果扩张下去，就会埋没理性；理性如果能发扬起来，就可以制止欲心。

现在社会上的人，多数由于“欲”的牵引而造业。这个“欲”不知沦丧了多少人的志节，害惨了多少人？所以说，“欲”会引诱我们进入烦恼的深渊。

人生的确是多欲为苦，多欲会使恶业增长。佛陀教诫我们：要离欲、精进功德、增长智慧，多做利益人群的福业；别让物欲冲昏良知、埋没良能，这些都是菩萨该做的。所以说，常行精进，便能破烦恼恶。

把握眼前的心念

春秋战国时代，群雄并起，据地称王。当时有一位燕国童子，听说赵国有很多戏剧文化和学艺者，走路的步伐很好看，便特地前往赵国学了几年的步伐。结果，非但学不好，甚至忘了自己原来走路的方式，到后来只好用爬的爬回燕国。

这虽是一则很荒谬的故事，但是却有很多人像那位燕国童子一样，将本具的真如自性迷失了。本具的自性（又可称为佛性）就像我们自然走路的步伐——出生后，只要是健康的孩子，经过一段时间的成长，他就自然学会走路。

从婴孩至童年，走路是一项很自然的本能。但是，那位燕国童子却偏偏舍弃自己原来的步调，去学戏子的步伐；结果不但没学成，反而连原本的能力都失去了。所以说，我们若想求真如佛性，一定要向原有的本性去探求。

有一次，慈济护专办恳亲园游会，学生和家属及懿德母姊们，大家都集合在操场上，由学生发号施令；家长和懿德妈妈、爸爸们则听候号令，大家一起游戏，连校长夫妇也参加了。学生们是那么的天真，当需要几条领带时，就不分是校长或家长的，统统拿来运用；也不管彼此是否认识，大家都玩在一起。要几根头发，也是很高兴地把头伸出去，要长、要短，皆任君选择；还有拿鞋带、裤带当道具的，也一样不管认识与否，只要有就拿来运用，连校长的鞋子也被借走了。

玩"两人三脚"的游戏也是一样——不分身份高低、不论年龄老幼，大家玩在一起。奔跑时，若跌倒了再爬起来，不计较输赢，一切都由学生判定；只要众人玩得高兴就好，这也就达到游戏的目的。

人生与此相同，每个人若能守住这分天真，人与人之间不要有任何计较；也不管输赢，只要尽了自己的本分就好。在人生道上，千万不要迷失自己；不管老少，本性都是相同的。

学佛，首先要反妄归真，了解自己的本性。但是，我们常会迷失自己的心念。比如说了一句慷慨话后，也许等一下就要后悔；也许因昨天的行为或人事上的疏忽，今天就感到后悔。凡夫的人生，常会因往事而后悔，就是因为当下的那一念没有掌握好，没有彻底的了解自己。因此，我们要守住当下现前的这一念。

常有人问我："师父，您这一生有什么计划？"我都会说："我有一个远大的目标，不过却是时时把握住现前的每一秒。"因为现前的一念若能守住，就不会做错事、讲错话，也不会懈怠、懵懂了。

佛陀说："见性学道难"——因为人经常会迷失"现

前”的这一念。总之，学道不难；只因无法守住当下的心念，才会变易为难；若能守住现前的这一念心，并彻底了解自己的本性，那就很容易了。

原谅别人就是善待自己

有一位富家小姐,据说她也是名企业家之一。她对现实有很多不满与厌恶感,心中有许多烦恼。她问我:“如何才能心平气和地追求到人生的目标?”我说:“人,生活于世间,只要有所追求就不会心平气和。”

接着她又说:“师父!难道您不会因追求而有所烦恼吗?”我说:“这种问题我无法回答,因为我从不去追求任何一件事,因此,从未有过追求的得失感。”

从上述对话中,我们不难了解:物质富有的人生不见得快乐,而过平淡的生活也不会有任何欠缺的失落感!因为只要心境踏实,不觉得缺少什么,就不会有追求的烦恼。许多物质富有的人们,内心永远不满足、永远觉得有欠缺,这实在是苦恼无边的人生。

另外,还有一位小姐问我:“成功的标准,到底如何订定?”她的问题,我觉得很奇怪。成功怎会有标准呢?人心追求的目标无穷无尽,如何才算成功呢?我回答:“当你心满意足时,你就成功了;如果不满足,就没有所谓的成功。成功的意思就是满意,成功没有固定的标准。其实,快乐或烦恼都只是一种观念、心境而已。”

记得有一次,一位慈济委员带了七八位先生女士来看我。委员说:“师父,他们的母亲在几天前被一位酒醉的驾驶人撞死。他们原本非常不谅解,坚持要肇事者赔偿。后来,我劝告他们说:‘能原谅别人就是福。’又讲了许多类似的案例,让他们的心情平静下来,并且告诉他们:‘原谅对方就是功德。把心平静下来才能好好沟通,您们的母亲也才能入土为安……’”

委员接着又说:“他们听了之后,觉得很有道理。毕竟,人命的价值不在于那几十万元的赔偿费,他们决定让母亲入土为安。后来,双方都很心平气和地沟通。肇事者酒醒后非常自责,而且受害家属对他那么宽厚,他更深感惭愧!他跪在老太太的灵堂前,至诚地忏悔说:'我一时酒醉犯下大错,而大家竟然对我这么宽厚,让我非常感动。我原本是个不负责任的人,喝酒后经常打骂太太。现在我要以行动表示真诚的忏悔,从今天开始,我绝对不会再喝酒,也会对家庭负起责任。'"

我向委员说:"你能够让受害家属心境平和,进而感化一位浪子回头,真是功德无量啊!"他们其中的一位先生说:"这都要感谢师父!因为有您平时所说的法,才使我们理智地处理这件事。为了报答师父的法恩,我们愿意捐出一百万元,让母亲遗爱人间。"

这也是所谓的"得饶人处且饶人",学佛就是要学得"不管遇到什么事,都要以平静的心去处理",如果追求不尽,那就永远不会快乐。

跨出第一步

时间可以使人完成大业,也可以成就个人的道业。每一个人自呱呱落地后,都会历经幼年、少年、中年、老年的人生过程;从幼年开始是学习的阶段,到了中年便是奋斗的时期,而老年时就要享受这段人生的成果。所以说,“时间”可以完成人生的学业、道业与事业。

合抱之木发于毫芒

佛陀一再教育我们:人生, 定要谨谨慎慎,并以一颗最真诚的心,从开始的“因”到最后的“果”。“因”,是非常微小的东西。比如一棵生长在山中的大树,静观这棵树，必须好几个人手牵手才能围绕。所谓“合抱之木，发于毫芒”——这棵大树的“因”，就在小如毫芒的种子之中。

毫芒，是比喻最渺小、最细微之物。一棵巨大高耸的大树，其根源只是一粒很小的种子；这个渺小如毫芒的种子(因)，在山林中慢慢生长、茁壮，终成一棵高耸、巍峨的大树(果)。大家想想，这要经过多少个酷夏严冬、多少岁月的累积，才能长成合抱的巨木呢？从“因”到“果”，就是需要时间啊！

修行或学习任何事物，就像走路一样——“千里之路，始于初步”。不论多远的路，一定要踏出第一步；这最初的第一步，你若不愿意跨出去，就永远不会到达目的地。同样地，学佛法、世间法或任何功夫也是如此。不管要学什么事情，一定要下定决心，付诸行动埋头苦干，才能学有所成。

坐而言不如起而行

关于修行与修道:“修”是修养,“行”是两只脚踩在土地上走,“道”则是自凡至圣的规则,学佛便称为“修行”或“修道”;但是,如果只凭借理论、光说不练,将永远不能达成修道的目的。所谓“坐而言,不如起而行”,佛陀的教法不是口头上的理论,而是要我们身体力行。

常有人说:“我已经做很多了。”其实,这种人一定没做什么事。因为自以为做很多事的人,往往太自满自大,器量又小;就像一件器皿,装不了多少东西就满出来了。我们日常使用的器具,愈深容量愈大,许多东西装进去仍有空间;人也要有这种深广大量的心才行。

在日常生活中,要时时刻刻做好事,但不必放在心上，因为我们并没有做成多少好事。即使如古人所说的“日行万善”，终其一生也无法将全部的善行积微成山；但是，如果一天做了一件坏事，那就成为“恶贯满盈”了。

一个人平日做好事，是理所当然、应该做的；既然是应该做的事，就不算什么！但你若是做坏事，那就不应该；哪怕只是一点一滴，都会破坏了自己宝贵的“人生”。

所以，学佛一定要像走路一样。一个人从幼年学走路到现在，不知走了多长的路，但是脚底下并没有带着路走；脚下若是走一步路带一步路，绝对无法“进步”。我们走过的路只有留下足迹，脚上并不会染到污浊的泥土；人的一生，应该也要如此。纵然今天赤着脚在路上行走，沾染了一些泥土尘埃，晚上也必须洗净双足之后才可以上床睡觉。

总而言之，两只脚应该走路，但不应该拖泥带水。

修行的心也应该像这样，时时刻刻警惕自己做好人、做好事，谨慎于修养心性。

自然最美

修行学佛,重要的不在于找“境界”,最主要的应是“自然”。每个人来到世间,都带有一分很美好的自然之美;只是多数人受到后天社会习气的熏习,使得习惯变坏了。若不能顺于自然,则所追求的理想常会与环境相违背;只要顺于自然,就是美的境界,也就是天性。

学佛,常会听到“反观自性”这句话。一般人经常让心念缘着外境奔驰忘返,不知反观自照;若能彻底了解自性,便能“明心见性”,这也是修行最主要的目标。

《庄子》中记载,孔子有一回带学生到吕梁山的瀑布郊游。他站在低处看到急水浪花从高处奔泻而下、溪水滚滚奔流的壮观情景时,不禁说道:“悬水三十仞,流沫四十里。”可见,吕梁山的瀑布多么壮观。

孔子看那雄壮的景色不禁入神,忽然间,他发现远处有一个人在瀑布的急流中沉浮着,便赶紧要学生准备救人。正当准备之际,水中的人却一直游靠过来,原来他是在游泳。他在水面上悠哉游哉,还逍遥自在地吟诗呢！在这深广的溪流中,湍急的浪涛对他而言,根本不构成威胁。那位泳者高兴地爬上岸后,孔子好奇地问道:“你在激流之中游得这么逍遥自在,到底有什么特别的道力?”

泳者简单地回答:“我并没有什么特别的道力,只是喜欢水呀！而且我习惯在水中游泳,并不觉得瀑布的水很湍急,这是我喜欢的自然境界呀!”孔子听了大有所悟!

孔子对国政曾失望地说:“邦无道则隐。”也就是说,当政治混乱时,他宁愿隐居起来;但是,当他看到这位泳者在激流之中仍能逍遥自在时,深深觉悟到:“在险恶、混乱的环境中，只要抱着欢喜、无争的心态，未尝不是很好的修养场所。”

人创造环境的美，环境却无法塑造人的美。在丑陋的环境中，只要有一群祥和的人，环境也会变得祥和美好。人只要有一口清新自由的空气、呼吸顺畅，就是最逍遥自在的人生。像那位在浪涛中游泳的人，因为喜欢自然环境，因此自得逍遥，没有人我是非的纷争。

希望人人时刻点燃心灯、反观自性，不要让心驰逐于外；只看到别人的错、别人言语不好听，而忘了自我反省。

内谦外让·行功戒圆

去(一九九一)年十二月十六日,在盛情难却之下,我参加了一项历史性的活动:南回铁路通车典礼。

南回铁路的通车,使全省环岛铁路接通,这是多么伟大的工程建设!不难想象,它动用了无数人的心力,逢山开山、无路开路,挖石、造桥、铺轨……这些都是辛苦艰巨的工程。因为有他们不惜险难地努力付出,才能开出这条美丽、壮观的南回铁路。我心里对这些开路英雄们,怀有最崇高的敬意!

路,我们天天在走,可是有谁会注意到,踩在脚下这条路的每一寸路面,都是经由许多人付出时间、艰辛劳力所铺设的?所以,走路也要有感恩心——感恩铺设道路者，让我们有一条平坦的道路行走方便。

人人若能彼此相辅成就、互相合作，社会便能安和乐利。人与人之间，应常彼此感恩，这样，自然会天天喜悦。

在人群中不生是非，也是做人应该有的基本修养。古云："离是非，则行功戒圆。"在人群中辛勤付出，但不受人我是非所困扰，任何环境都不影响谦让与感恩的心，就能行功戒圆；立志修行的人若能内谦外让，戒德自然圆满。"戒"是规矩，持戒旨在使自己不去犯规，也能防护外来的伤害，这必须受持谦让与感恩心。

现代人生活忙碌，更应该保持身忙而心不忙；若心忙，则意必乱——遇到任何逆境，即深感苦恼。这样的心态即使在最好的物质环境中，也一样永远无法圆满。所以，在日常生活中修养身心、不去妨碍他人，就不会障碍自己"行功戒圆"。

因此，生活在世间应时时保持感恩心。像台东到高雄这条南回铁路,或许离你我很远,但是大家也应体念开路者的辛劳。何况通车之后,来往于东、南部的人们可以节省许多时间;而交通方便,正意味着生活品质的提高。所以,虽然它远在台湾的南端,却和我们的生活息息相关。

在日常生活中,若能时时以感恩、满足、欢喜的心来看待周遭的一切人、事、物,就是戒、定、慧具足了。

赤子心

有一次我行脚到屏东，大同小学的尤老师带了一位小朋友来看我。这位小朋友送了一本作文簿，和一个装着一万五千元、署名“五年甲班小慈济人全体”的信封给我。他很恭敬地说：“师公，这本作文是要给您看的，这笔钱是要捐给慈济医院买病床的。”

我问：“这笔钱是全班小朋友捐出来的吗？”他小声地告诉我：“不是啦！其实那是我和弟弟、还有几个同学的储蓄，以及打工赚得的工资合在一起的。”我说：“那你怎么写五年甲班的小慈济人全体呢？”他回答：“师公，虽然是我们几个人的钱，但是让全班一起做善事，不是更好吗？”

封面上写着“师公，谢谢您!”的作文簿，原来是五年甲班小朋友写给我的信。其中，有一篇写着：

“敬爱的师公，您好！谢谢您给我们红包，虽然只有三十元，但那却是师公您无比的爱心和关怀。所以，我要永远保存起来做纪念。当我们看见红包外的‘佛心师志’四字时，都纷纷讨论它的含义。老师回到教室的时候，知道我们都不了解那四字的含义，就解释说：‘佛心’，就是我们要有与佛菩萨一样的心肠去帮助别人、爱别人；‘师志’，就是以师公您的四大志业‘慈善、医疗、教育、文化’作为自己的志业。”

“师公，我恨不得快快长大，跟随师公贡献社会，让社会充满爱心。师公，我们这几天做了一件善事：二甲的一个小朋友被砂石车撞得很严重，但是他家很穷。我们这群小慈济人知道了，就捐出零用钱给他作医药费；我们在短短几天之内，就捐出了六千元。师公，我们做得还不错吧！但是尤老师更伟大，他的儿子发生车祸住院，他还不忘帮助别人，他的精神真令人敬佩呀！”

另一篇的开头也提到红包的事，但后面是这样写的：“前几天，我在路上看到好多孩子在欺负一只小狗。那些孩子用石头丢它，还抓它的尾巴，甚至骑在它的背上呢！我觉得那只小狗好可怜哦！为什么现在的人愈来愈残忍了呢？那些人真是没有公德心啊！”

也有小朋友提到：“师公，我常想不通一件事：为什么有些人要开挫鱼*场呢？这些鱼的嘴巴都挂着鱼钩，多可怜啊！假如把人换成鱼，想起来有多可怕、多痛苦啊！公家机关为什么不禁止呢？”

还有一篇作文更发人深省，这位小朋友除了发愿要以慈济四大志业作为他的志业——“让全台湾人个个都知书达礼，个个有爱心”之外，并说：“师公，大人真奇怪！又没有人规定春节一定要赌博，那大人为什么都在赌博

---

* 挫鱼：以无饵的钓钩在养殖密集的鱼池中，用拖拉法，硬把鱼给钓上来。——简体字版编者注

呢？他们还说小孩子不能抽烟、喝酒、吃槟榔，可是大人在赌博的时候，却把香烟、酒、槟榔全都拿出来。我就想：‘小孩子不可以，大人就可以吗？’大人也是人啊！他们的身体也会生病，又不是钢铁。所以，我决定长大后，不但要教我的孩子们遵守‘三不’——不吸烟、不喝酒、不吃槟榔，我自己也会遵守这‘三不’。”

以上，是一群十一二岁孩子所说的话。孩子的心性，就是如此地纯真、清净无染！我曾一再地告诉大家：父母是子女的模范，父母呈现的生活形态，对孩子的性格发展有着极大的影响。所以，在子女的成长过程中，为人父母者一定要以身作则来教育孩子；如此，孩子的行为才不致有所偏差，将来也才不会有“养子不教谁之过”的遗憾啊！

谈修行

修一分好心

提到修行时,很多人会说:“太早了! 我现在还要担负家庭的责任,必须等到责任完成后才能修行。”也有人会说:“太慢了! 如果我早知修行的好处,就不至于拖家带眷的,如今是放不下了。”

事实上,修行并非出家人的专利;而出家后若不知修行的真义,则同样无法断除一切烦恼。

修行的旨趣在于“明心见性”,我以为“明心见性”这四个字的含义就是“修心养性”。因此,修行就是:于内,“修”心养性;于外,端正“行”为。而这分展现于内、外的功夫，并不限于出家修行的人才能做得到。

有句话说："人心不同，各如其面。"我们不妨将它改为"人之习性不同，各如其面"。人心应该都是一样的，都与佛菩萨有着同等的善念爱意；但是，由于人的习气、观念不同，以致有不同的反应和行为。所以，我们才必须下功夫修心养性。

心与性的差别何在？凡夫称之为心，圣人称之为性；心性本来是一体的，只是清净的本性被世间的欲念污染时，它就变成凡夫心了。修行就是要下功夫好好修心，去除心中贪婪、瞋怒、愚痴、骄慢和猜疑。

往往有人会说："我心好就好，又何必去修行？"只是我们如何厘定好心的标准呢？例如你在开车时，见到路旁有人受伤，你心想："我很想上前帮忙，但怕会被诬赖人是我撞倒的。万一好心没好报，岂不自找麻烦？"诸如此类的心念，究竟是好是坏呢？

真正的好心是要经过洗炼的，要修习到面对遭受苦难的人们时,能够非常自动、没有一丝一毫考虑即立刻伸出援手帮助他们;这分显露美善本性的洗炼功夫,就是修行。

所以,不管有无宗教信仰,每个人都必须为“修”心养性、端正“行”为痛下功夫。

灌溉善种子

修行并非逃避现实、离开人群,修行的目标是要忘记自己的利益得失、不计较自己是否能解脱,而以众生为重;关心众生是否能离苦得乐,是修行者的自然风范。

每个人的身体都有活动的功能,每个人的心灵都有纯净的良知;我们若能为大众献出自己的智慧,发挥与生俱来的良知良能,必能造福社会人群。

不计较自身得失,以众生为重的修行是佛法的真理;若能将我们平时所学的理法落实在日常生活上,学以致用、成人利己,自然能够心生欢喜。

想获得这种欢喜，要靠长久心来孕育、培养，不可一曝十寒！因此，当我们拥有一颗纯良的种子时，就要把握因缘时机，赶紧种入土中；并且要有充足的阳光、水分及空气，才能成长。

我们应该把握因缘，好好保护善念；有好因缘与善种子，内外健全，就能使修行的心永不退转、厌烦。

你我都是活菩萨

有许多人问我:“师父,您出过国吗?”我答:“没有啊!”于是,他们就会把在世界各地见到的风光告诉我。有人说:“师父,其他地方不去没关系!但是尼加拉瓜的大瀑布,您一定要去看、要去听。”我问:“尼加拉瓜的瀑布是什么样子呢?”他就描述一番,尽其所能地形容那里的美。

我说我体会得到——每天早上,精舍常住众做早课、打坐的时候,四周一片寂静。在精舍旁有一个鱼池,池中有个小喷泉,喷泉的水往上喷再落到池中的声音,好美啊!只要心静,境就静,静境的风光无限美好。所以,虽然我不曾出国周游世界,却可以遍游自己的心地风光，体会那分快乐与美好。

佛陀在宣讲《法华经》之前，以《无量义经》为开经，在此经的“十功德品第三”中，有一位大庄严菩萨问佛陀：“众生要求得阿耨多罗三藐三菩提，要怎么求呢？（阿耨多罗三藐三菩提也就是佛的觉道、智慧）到底菩萨是从哪里来？往何处去？又住在哪里呢？”

佛陀回道：“菩萨是从内心宫宅而来。”宫是皇宫、宅是住宅，意即我们每个人都有一个仁心仁宅，也就是佛心。所以，每个人都是菩萨。而这个菩萨要去哪里呢？佛陀说：“要去使众生发菩提心。”菩萨住在哪里呢？“住于菩萨所依止的地方。”（原经文“……是经本从诸佛宫宅中来，去至一切众生发菩提心，住诸菩萨所行之处。善男子，是经如是来，如是去，如是住。是故此经能有如是无量功德不思议力，令众疾成阿耨多罗三藐三菩提……”）

这几句话很简单，但是意义非凡，而它也正是慈济历年来努力从事的方向与目标。

我常常向慈济人说:“最灵验的佛就在我们的心中,最有力量的菩萨就是我们的手脚。”每个人都有一颗佛心,我们的佛心很庄严,内心风光非常美好!不过,相信有许多人认为菩萨离人间太遥远了。其实不然,须知菩萨就在我们身边,菩萨就在人人心中;只要大家能够回顾内在的堂皇宫宅,时时反观自性,培养欢喜、知足、感恩的心,进而贡献己能、帮助他人,那么,我们就是活生生的菩萨了。

君子之风

行事不分大小，都应敬重谨慎，不可大意。

过去，孔子称赞子产有四德："其行己也恭，其事上也敬，其养民也惠，其使民也义。"一个人在社会上做事，不可离开这四项原则。

所谓"其行己也恭"，就是决心做一件事时，要很细心去选择；选定之后，不管遇到什么困难，都要以谦逊的心、谨慎敬重的态度把事情做好；完成之后，也不轻忽大意，依然要保有初发心行事的心态。

"其事上也敬"——以现代人而论，对尊长应恭敬，对平辈也应以礼相待。做事时，应有群策群力的心态，因为要推动一件事，必须靠大家的力量才能顺利达成。

因此，要有彼此感恩之心，以诚相处。即使是同事亲友间的日常相处，也应讲究礼节；若彼此缺少恭敬、感恩的心态，便容易发生冲突。

"其养民也惠"——执政者若能为民众着想，他必定是一位君子，百姓们也一定会报以忠诚。企业行号的领导若能时时保有爱护员工的心态、处处为员工们谋福利，则公司的营运状况一定更加顺畅。总之，有能力的人要多为人群谋福利，不应只为自己打算。

"其使民也义"——做事、用人应合于义理。比如有些人雇用劳工，只希望工人多付出劳力，却不愿给予合理的报酬，甚且以各种名义扣除工资，不顾工人的辛苦，这就是不义。

以现代的观点来诠释孔子所说的"其行己也恭，其事上也敬，其养民也惠，其使民也义"，无非希望大家能在日常生活中应用这四项"自度度他"的原则，时时自问：对别人是否存有感恩心？是否待人以礼？是否敬重对方？

感恩、礼节、敬重，都是日常生活中应有的心态。要记得处处站在别人的立场着想，给予合情合理的对待；这就是修养，也就是做人的原则，君子的风度。

能受天磨方铁汉

曾经有一位市长来看我，希望我能到该市演讲。在谈话中，他表示了内心的苦恼："有时觉得很茫然，人生到底以何为目的？我扪心自问，无论做人处事，都已尽心尽力；甚至经常忙得焦头烂额，却还处处遭受攻击，到底怎么做才是对的？"

我告诉他："做人做事，除了耐劳，还要耐烦、耐怨。人生的目的只有一项，就是服务人群。"我们来到人间不怕责任重，只怕没有机会服务人群。"能受天磨方铁汉，不遭人忌是庸才"，不管面临任何坎坷，都应勇敢接受磨练；唯有经过坎坷的人生，我们才会了解自己的力量有多大。

其实我们来到人世间，若不是从遭遇障碍中克服困难，我们如何成长？若不是苦难加身，如何体会存活的意义？

有位人士说，他最记得我说过的一句话是“吃苦了苦”。

人生若没有苦，易生怠慢；有时吃点苦，精神会更清朗，也更能呈现生命的意义。好比一艘泊在湖面上的船，若用两支桨在水中轻轻拨移，就可以到达对岸，然而这样不能算是真正的行船；若真的要行船，就应在大海中接受海浪的冲击。浪有多高，船就有多高；浪低，船就跟着低；如此浮浮沉沉而不翻覆，才是真正会操控航行。同样的，能够承受外境的磨练，而且愈挫愈勇的人，才是一位铁铮铮的汉子。

前阵了，有两位牧师在参访慈济时表示，他们很肯定、敬佩慈济，很想了解我是如何领导，使这个团体的人心如此契合、形象如此美好？“事情如此多、这么多人来看您，您不会觉得烦恼吗？这又是何种功夫？”

我回答：“我没有什么功夫，我和大家一样都是凡人，不可能没有烦恼。若有不同的地方，该是烦恼停留在我脑海中的时间极其短暂。是什么力量让我把烦恼很快就推开呢？不外是凭借‘欢喜、感恩’这股力量，让烦恼一闪即过。”

我们若能消除烦恼，让心宁静下来，使精神保持明睿，则不管面对任何人事，都不会烦躁。

人的烦恼是长久累积下来的，而且会愈积愈重。一个人的智慧就像一面镜子，镜面若增加一分雾气，明亮度就减少一分，亦即多一分烦恼。镜子若经常擦拭，照山是山、照水是水，一点也不会模糊。即烦恼来临时，就如雾气模糊了镜面，无法照明外面的境界。所以，最好不要让烦恼囤积、停留在脑子里。每个人都有烦恼，面对烦恼时，我们要用欢喜心、感恩心去扫除。

慈济是我自己欢喜推动的，更感恩众人热心地参与慈善、医疗、教育、文化*四大志业；人多事繁，我难免会担忧，所以常会唠唠叨叨地叮嘱大家：开车要慢点，要注意交通安全，要照顾好家庭，要柔和声色……这是因关心而担忧，不是烦恼。但若把事情摆在心上，不由自主地一直生起贪、瞋、痴、慢、疑之念，这些烦恼多令人痛苦。

担忧里面有爱，而烦恼里面却充满了恨、仇、怨。如果我们能运用欢喜、感恩的力量推开烦恼，就可以时时保有宁静的心；心若宁静，智慧就明睿，面对任何状况也就不致有偏差的反应。

只要能随时随处怀抱欢喜、感恩的心念，则不论外境如何横逆、波折，终能历经琢磨，益发光亮。

---

* 已于二〇〇四年年底更名为“人文志业”。——简体字版编者注

日日过好日

有句俗话说："因缘果报，屡试不爽。"而佛陀也说过："如是因、如是缘、如是果、如是报。"事实上，因缘果报都自生活当中形成；若种下一个好因，即得善果，反之亦然。

人们在过年期间见面时，通常会互相祝福"事事吉祥，日日平安健康"，吉祥健康都是果，凡夫总是喜欢讲"果"，却忽略了"因"。其实，健康平安的"因"，来自"心"的健全；而"心"要如何健全呢？必须祛除贪、瞋、痴等烦恼的根源。若是不能舍弃烦恼、放下执著，身体自然病态衍生。有些病人在就医时检查不出病因，大多源于心理不健康的状况。

知足无求福中人

慈济委员经常去探访接受功德会济助的个案，遇到年迈、孤独的老人时，他们总会关心地探询："阿公，您的屋子会不会太潮湿？衣服够暖吗？吃得饱吗？"八九十岁的老阿公说："我住的环境已经很好了，穿得也很温暖，吃的、用的也很满意了！"尽管在一般人的眼中，他们的生活条件都只是最基本的温饱，但是他们非常知足；因为知足，所以"无所求"。对委员们的探访，他们除了表示热切的欢迎之外，并不企求更多的帮助；像这样的人，即使已经八九十岁甚或年近百岁，身心仍然非常健康。

有些个案则是委员一进门，他们就开始诉苦，愁眉不展地表示欠这个、欠那个。若问他："您身体好吗？"他一定说："全身都不舒服，全身都有病！"由此可知，健康和心理状态有着极微妙的关系。所以，我们要记得时时清除内心的垃圾，种下大慈、大悲、大喜、大舍等健康的因；有健康之因，才能得健康之果啊！

用心于分秒之间

现代人普遍缺乏信任感，经常处在"人怕人"的状态中。彼此相处均有防备之心，担心对方是否骗我？会不会对我不利？如此怎能招致吉祥？人与人之间要能互相信任，才会事事吉祥；能先造吉祥之因，才能得吉祥之果。

我常说："过年容易，度日难。"过年时，大家都笑脸相迎、互道恭喜如意；但是数天的年节一下子就过去了，有什么意义呢？我们应该"日日过好日"才要紧哪！但是，要想"日日过好日"，就要"事事做好事、时时做好人"，这样就会日日快乐；日日快乐，自然"年年过好年"。

人人都要有“过秒关”的心，分分秒秒皆应谨慎、注意，不说错话、做错事；能够分秒照顾好心念，必能事事平安、吉祥。这样，自然“日日是好日”了。

爱的管理

经常有许多企业家问我:“师父,慈济团体如此庞大,您是如何管理的?”我的答案只有一个:“我不懂企业,我只是很诚心地启发大家的爱心,让人人自我管理,同心协力落实‘志业’。”

我有一位弟子,事业做得很大。他非常护持慈济,每有活动,都会很热心地参与。有一次冬令救济时,他也回来精舍帮忙打包东西。正巧,他的一位员工也回来,看到他正忙着打包,就悄悄地绕进屋子对我说:“师父,我们董事长正在外面卖力的工作,我还以为看错人哪!真奇怪,他怎会变成这样?”我问:“这样有什么不对吗?”他回答:“师父,您不知道,我们董事长在公司里好凶耶！他老是绷着一张脸，全公司的员工都好怕他；大家如果正在谈笑时，一听到他来了，就像碰到'瘟神'一样，一句话也不敢吭。所以，只要他不在公司，我们都好高兴哦！"

等到冬令救济工作做完，新春期间，他带着一家大小来花莲向我拜年。一家人坐下后，我说："嗯！你很像一位董事长！"他听了很紧张地问："师父，您怎么这样说呢？"我说："听说你在公司时，董事长派头十足，员工都对你敬畏有加。"他说："忏悔、忏悔！请问师父，我该怎么做呢？"

我说："你是董事长，但董事长是谁在叫的呢？是你那些员工叫你的。你能做董事长，是因为有他们在帮你做事，才能让你的事业发展、稳定。听说你的办公室很豪华，不管是客户或员工，都必须经过好几个关卡才能见到你。你有没有想过：你的办公室如果没有员工帮你打扫，你就变成一位垃圾堆中的董事长了。"

他说:“师父,以前我都没有想到这些耶!我向来认为那是他们应该做的,现在我知道错了。”

过完春节开始上班后,他的态度改变了。每次在进入办公室之前,一定先在电梯内向镜子微笑;等到电梯门打开,他就保持这个笑容踏进办公室,然后向员工说:“大家好!”

刚开始没有人敢回应,他心中有些懊恼!但是一想到“如果没人打扫,我就成了垃圾堆中的董事长”时,他就不断替自己打气:我一定还要笑下去。所以,他每天一进办公室,还是向员工们亲切地道好、问安。

最近,他告诉我:“师父,和气和关怀真是一股大力量!”他说以前要出货时,他都很气恼!因为要员工加班时,总是有许多人溜走;如今,除了和气地和员工打招呼外,还会常常主动关怀他们:“如果太辛苦,订单就少接一些。”员工们听了都说:“为了回报老板的体谅,我们应该再‘打拚’些。”每看到员工们很晚了还在加班,他会说:“早点回去吧！不要太辛苦了。”员工们口中说好,却仍很卖力地赶工。

他又告诉我:“师父,我的员工人数没有增加,但是业务却增长了好几倍。”这就是爱的管理。现在的社会,劳工意识抬头,谁愿意被管呢？谁也管不了谁。如果能多用一分关心和爱去启发员工,相信他们会自爱地发挥功能,为公司尽心尽力啊！

一个人即使拥有很大的事业,很懂得企划经营,但是若欠缺爱心与宽容,就会被批评是“冷漠无情”甚或“为富不仁”;虽然他很富有,却无法避免别人的责骂、批评,这种人生有何价值可言？

人生的真正价值,不在于地位有多高或财富有多少;人生的尽头也只是黄土一抔,到底它的价值如何定位呢？

我想,如果能惜福自己所拥有的,进一步再造福,贡献社会、利益众生,这才是人生真正的价值。

善的循环

多年前,美国洛杉矶曾发生黑人暴动事件,传播媒体争相报导当地的混乱情势,当时我内心也十分担忧!不久,位在加州的慈济美国分会特地传真一份资料回来,告诉我当地一切平安。

知道他们人人平安时,大家无比欣慰;而更令人感到欢喜的是,后来我行脚至南部时,高雄一位刘委员兴奋地赶到屏东分会见我,他说:"师父,我有一位吴姓会员,多年前搬到洛杉矶定居。前几天她打国际电话给我,说她蒙慈济的庇荫而逃过一劫。"

据刘委员叙述,吴女士于日前驾车出门,途中被一群黑人拦截诘问:"你是韩国人?日本人?还是中国人?”吴女士强忍心中害怕,回答:“我来自台湾。”这群黑人竟一改态度,十分友善地放她离开,并指示她最安全的行车方向,要她“快快回家,这一带很乱。”

对于自己表明身份后,能得到礼遇的情形,吴女士百思不解。她回到家后,向家中的黑人帮佣询问,才知原来洛城的黑人普遍知道“台湾有个‘慈济会’在此地回馈黑人社会”,因此,他们有一致的共识:此次暴乱,以不涉及华人的安危为原则。所以,吴女士才能够逢凶化吉,化险为夷。

慈济美国分会成立以来,先后做了许多国际性的救援工作。当地的委员、会员也都能坚守佛心师志,就地募款、就地济助个案。他们除了不定时帮忙一些急难事件和流浪汉外,更固定在每年的圣诞节准备了五百份礼品,赠送给洛城的黑人贫民区,并提供奖学金给就读护理学校的黑人学生。

吴女士在离开台湾之前,曾经是慈济的会员,如今在异国他乡因慈济而幸免于难,遂难掩感激之情,以国际电话向台湾的亲友报平安。她欢喜庆幸自己能和慈济结缘,加入回馈人群的行列,因而得以避离灾厄。

秉持佛陀“无缘大慈,同体大悲”的教化,慈济美国分会的默默作为,发挥了“善的循环”。有句话说:“种如是因,得如是果。”慈济当初对黑人朋友无所求的付出,从未料到会有使国人同胞幸免于难的回报。所以,我常强调:“爱不分种族,爱一定要普施天下。”我们为天下做天下事,福报必然会回应在自己的身上。

做好事是人的本分,没有什么特殊。事实上,行善之后真正获得利益的是我们自己;如同洛杉矶这位会员的经历,正是“善因善果,功不唐捐”的最好印证啊!

爱惜物命·珍视资源

从一九九一年四月以来，慈济和金车教育基金会合办了一系列“预约人间净土”的活动。我们希望社会大众能够透过参与活动，了解、接受“慈爱、悲怀、喜舍、感恩”的理念，进而改变生活习性、践行善念，使人人发挥所能回馈社会，造就台湾成为一片人间净土。

要预约人间净土，就要先净化人心；人心如果净化，每个人的行为自然会净化。比如一九九一年四月十九日，我们发起一项“知福惜福再造福——回收废纸救台湾林木”的活动。当天，全省的慈济人在各县市设立了九个回收点，鼓励民众响应资源回收的呼吁，大家同时发挥“一手动时千手动”的功能。在这股团结力量下，一天之中所回收的废纸总共有一百六十多吨之多。

依照专家的评估，一百六十多吨的废纸，有百分之七十可以再制；而这些再生纸的数量，相当于砍伐二千四百零九棵高八公尺、直径十六公分，树龄在二十年以上的大树来制造生产。

想想看，我们只发挥一天“一手动时千手动”的功能，就可回收一百六十多公吨的废纸，挽救二千四百零九棵大树。所以，这个社会要净化，需要你我建立共识，为维护清洁美丽的人间净土，一起动手努力。

地球的资源有限，我们应该为后代子孙爱惜居住环境、保护资源。以台湾目前的用纸人口而言，每人每年平均要用掉八百公斤的纸，这是多么可观的数字啊！因此，我们必定要加强惜物护生的观念。如果人人都能珍惜物命，就能够避免资源浪费。

相信每个人都不愿与垃圾为邻，处处有人示威、抗议，拒绝与垃圾掩埋场为邻；人人厌憎垃圾，却又制造垃圾。既要丢垃圾又不愿与垃圾为邻，要解决这个矛盾只有一个方法，那就是培养“爱物惜福”的观念。首先，应爱惜所有的物资；再者，是加强保护地球上的资源。

垃圾为什么会那么多？是因为人的虚荣心作祟。现代人凡事讲究新鲜、时髦，在衣、食、住、行、育、乐中不断追求变化；而垃圾也就在这些不断地追求中，大量地产生。

台湾今日的成就，是人人努力的成果，我们应该知福惜福。因此，人人都有不让垃圾成为社会问题的责任。

不久前，有位室内设计师到花莲见我，他说：“师父，听你谈起垃圾问题及惜福的道理后，我非常感动且深有同感。以前我工作时，都会建议客户标新立异、求新求变，将设计方向做大幅度的变动。如今我改变观念，当客户要求重新装潢时，都尽量鼓励他们保留原始设计，而用心地在原有的风格中做修饰和改变;如此,也能创造出一番新的品味,而且省时省钱省事,客户都非常满意!”

这是多么的有智慧啊!他不但减少有形的垃圾,也鼓励别人惜福,回复无形的节俭美德。深深期望各行各业的工作者都能多用一点心,时时提醒周围的人,要好好珍惜我们的环境,为后代子孙留下一片净土。

及时报亲恩

每次听到有关老人的问题时，我就十分感慨！将来你我也都会面临年老，与其到时坐困愁城，不如现在就探讨防治之道；而根本解决老人问题的方法是：提倡年轻人敬老尊贤，提倡为人子女者要克尽孝道、敬顺父母。

谈孝道，要由本身实际做起。老人问题不要丢给社会，你我都有责任在自己家中侍奉长上、供养老人。尽孝，是人生的根本；人生若不孝，就不算人生。

我们经常会听到这么一句话："你们家父母谁在养？"这种话听起来很可怜，父母还需要大家用"养"的？应该说：父母由谁在"孝顺"才对。其实，许多父母不曾"吃"儿女的，甚至他们年轻时努力累积的许多资产，也都留给儿女们。大致说来，他们吃也是吃自己的，并没有让子女养；况且，碗筷也由他们自己端拿，并没有人“喂”他们。

孔子曾经说过：“侍奉父母若没有恭敬心，就像在养猪狗、牲禽一般。”倘若说有养就是孝顺，那么，养猪、牛、鸡、鸭，不也是在对它们尽孝吗？所以，真正的孝顺是从内心产生对父母的敬爱，将这分爱落实在日常生活中去关心、陪伴他们。

有位志工曾说，到了医院才体会到人老的确很苦，也才体会到父母爱子女的心，更体会到老而没有子女关怀的凄苦。他到医院当志工时，被分派在三楼服务，三楼有小儿科及妇科。他看到小儿科里的病童，他们的父母，甚至祖父母、姑姑、阿姨……所有的亲戚都非常关心地前来探病，充满了亲情的温馨。

当他转到妇科病房时，却发现有一位老太太没人探望、照顾，于是问她：“阿婆，您的儿子、媳妇呢？”对方回答:“他们各忙各的事。既要工作又要照顾家庭,没有空来陪我。”

同样是生病,小孩生病,得到父母无微不至的呵护;老人生病,却被遗忘在冷清、孤独的角落。这种强烈的对照,令志工悲叹不已。

此时,我们都不觉得伶仃孤单的苦;因为每个人都正值黄金岁月,都各有所忙。然而,“老”是悄悄渐至的;当我们开始感觉孤单、需要子孙围绕陪侍时,恐怕就为时已晚、求之不得了。

人生苦短,没有人能永远拥有“上有父母,下有子女”的景况。在可以把握的因缘下,我们应该珍惜三代、四代同堂的机会,和公婆、父母同住,以身作则展现孝道给儿女们看。若能如此,将来我们年老时,自然就能安享天伦之乐,免去孤老无依的凄凉。

何其自性·本自清净

曾有人问我：何谓“菩提心”？我的解释是：“菩提心”即“觉道”——觉悟的道心；而“觉”则为“最清净、透彻的了解”。

中国字很有趣，以“觉”字为例，它的下面有个“见”字——在未“觉”之前，必须先学；“学”下为“子”，意味着人刚出生时，什么都不懂，必须靠后天的教育、培养。例如父母的爱、兄弟姊妹的爱、老师朋友的爱、社会人群的爱，不断以爱来灌输、教育孩子；如此，随着孩子年龄的增长，他们终会“见”到、了解道理。

因此，在茫然不了解道理之前，必须先“学”；等到学会了、“见”到了道理之后，就叫“道”。《中庸》有云：“率性之谓道。”每个人都有纯真、清净的本性，这个本性就是佛心、就是“道”。所以，菩提心即是道心，道心就是与生俱来的清净本性。

学佛，最主要是要“明心见性”；而“心”与“性”，其实是相同的东西。佛陀也一直在教育我们——“心、佛、众生，三无差别”。我们的心和佛的心以及众生的心并无两样，只不过众生是凡夫心，而佛是清净的觉性——佛心因不受外界污染而保有清净，有清净心就是觉性。

众生同样也有明净的觉性，只是由于后天环境的影响，致使内心蒙上尘埃，因此转觉性为凡夫心；凡心就会有分别、竞争、功利的产生。

佛陀身为太子时，就已经具足超然的智慧，所以能放弃富贵荣华，走上苦行的路程，去探讨人间的苦难和修行者的心路历程，最后终于理解人生的真谛。

悟证得道后的佛陀，教导弟子要行菩萨道。“菩萨”两字是梵文“菩提萨埵”的译音简写，中文意译为“觉有情”;也就是说,觉悟的人不离人间,他在人间奉献爱、教育人群。由此可知,回归清净的本性,是多么重要的一件事啊!

图书在版编目(CIP)数据

生活的智慧/释证严著. —上海：复旦大学出版社,2012. 1(2023. 11 重印)
(证严上人著作·静思法脉丛书)
ISBN 978-7-309-07700-1

Ⅰ. 生…　Ⅱ. 释…　Ⅲ. 佛教-人生哲学-通俗读物　Ⅳ. B948-49

中国版本图书馆 CIP 数据核字(2010)第 216439 号

慈济全球信息网：http://www.tzuchi.org.tw/
静思书轩网址：http://www.jingsi.com.tw/
苏州静思书轩：http://www.jingsi.js.cn/

生活的智慧
释证严　著
责任编辑/邵　丹

复旦大学出版社有限公司出版发行
上海市国权路 579 号　邮编：200433
网址：fupnet@fudanpress.com　http://www.fudanpress.com
门市零售：86-21-65102580　团体订购：86-21-65104505
出版部电话：86-21-65642845
上海崇明裕安印刷厂

开本 890 毫米×1240 毫米　1/32　印张 6.875　字数 77 千字
2012 年 1 月第 1 版
2023 年 11 月第 1 版第 6 次印刷
印数 15 501—17 600

ISBN 978-7-309-07700-1/B·377
定价：25.00 元